NCS 기반

SMART

기내방송

김지아 박희정 이현옥 공저

한국어/영어 기내방송문
음성화일이 지원됩니다.

양 성 원

머리말

최근 국내외 여행이 보편화됨에 따라 항공여행은 이제 더 이상 특정 계층만의 특권이 아닌 일상적인 일로 여겨지고 있다. 항공교통이 대중화됨에 따라 항공서비스에 대한 승객들의 기대와 요구사항도 나날이 높아지고 있으며, 승객의 안전과 편안한 여행을 위해 다양한 서비스를 제공하는 승무원의 역할에도 점점 더 전문성과 세심함이 요구된다.

기내서비스의 하나인 기내방송은 기내에서 제공되는 다양한 서비스에 대해 안내하고 기내에서 필요한 정보들을 전달해 주는 역할을 할 뿐만 아니라 필요 시 승객을 적절히 지휘, 통제하고 비정상 상황 및 비상 상황 발생 시 승객과 승무원이 안전하고 효율적으로 대처할 수 있도록 안내하는 중요한 역할을 한다.

이러한 기내방송을 담당하는 승무원의 방송능력은 기내에서 제공되는 정보의 신뢰성과 전달력을 좌우할 뿐만 아니라 기내서비스 전체의 수준을 평가하는 데에도 지대한 영향을 미치므로 객실승무원의 수준 높은 기내방송 능력은 무엇보다 중요하다고 할 수 있다.

본 서는 객실서비스에서 중요한 역할을 하는 기내방송 기법을 보다 쉽게 터득하고 올바르게 익힐 수 있도록 집필되었으며, 다음과 같은 6개의 Chapter와 부록으로 구성되었다.

첫 번째 Chapter에서는 기내방송의 정의 및 목적, 책임, 자격 등의 내용을 다룸으로써 기내방송이란 무엇인지 기본적으로 이해할 수 있도록 구성하였다.

두 번째 Chapter에서는 기내방송의 원칙과 절차, 기본 요령 등의 내용을 다룸으로써 기내방송이 언제, 어떻게, 어떠한 기준에 의해서 이루어지는지 전반적으로 파악할 수 있도록 구성하였다.

세 번째 Chapter에서는 기내방송을 하기 위한 기초준비 단계로 음성, 호흡, 발성, 발음 등을 연습할 수 있도록 구성하였다.

네 번째 Chapter에서는 NCS교육과정에 맞춰 국가별 항공기코드와 공항코드 등 기내방송의 기본 정보가 되는 내용들을 다룸으로써 기내방송에 필요한 기본지식을 습득할 수 있도록 구성하였다.

다섯 번째 Chapter에서는 가장 기본이 되는 한국어 기내방송 기법과 정상 상황, 비정상 상황, 비상 상황의 내용을 다룸으로써 한국어 기내방송을 연습할 수 있도록 구성하였다.

여섯 번째 Chapter에서는 영어 기내방송 기법과 정상 상황, 비정상 상황, 비상 상황의 내용을 다룸으로써 영어 기내방송을 연습할 수 있도록 구성하였다.

마지막 부록 부분에는 중국어와 일어 기내방송 기법과 방송문을 추가함으로써 영어를 제외하고 가장 많이 활용되는 기타 외국어 기내방송도 익힐 수 있도록 구성하였다.

아무쪼록 본 서가 객실승무원을 꿈꾸는 학생들로 하여금 기내방송의 중요성을 인식하고 올바른 기내방송을 위한 발성과 발음, 억양 등을 익혀 승객들에게 신뢰감과 안정감을 주는 전문적이고 세련된 기내방송 능력을 함양하는 데 유용하게 활용될 수 있기를 바란다.

2020. 1

저자 일동

차례

Chapter 01 기내방송의 이해 7

1. 기내방송의 정의 및 개요 ······ 9
2. 기내방송의 목적과 역할 ······ 10
3. 기내방송의 책임과 자격 ······ 11

Chapter 02 기내방송의 구성 15

1. 기내방송의 원칙과 기준 ······ 17
2. 기내방송의 절차와 종류 ······ 20
3. 기내방송의 요령 ······ 23

Chapter 03 기내방송의 기초준비 29

1. 음성언어의 요소 ······ 31
2. 호흡연습 ······ 38
3. 발성연습 ······ 44
4. 발음연습 ······ 49

Chapter 04 기내방송을 위한 기본 정보 57

1. 국가별 항공기 코드 ······ 60
2. 국가별 공항코드 ······ 68
3. 그리니치 평균시와 시차 ······ 75

Chapter 05 한국어 기내방송 79

1. 한국어 기내방송 기법 ······ 81
2. 한국어 기내방송 연습 ······ 92

Chapter 06 영어 기내방송 105

1. 영어 기내방송 기법 ······ 107
2. 영어 기내방송 연습 ······ 117

부록 129

1. 중국어 기내방송 ······ 131
2. 중국어 기내방송 연습 ······ 139
3. 일본어 기내방송 ······ 151
4. 일본어 기내방송 연습 ······ 158

참고문헌 / 165

CHAPTER 1

기내방송의 이해

CHAPTER 1

기내방송의 이해

학 / 습 / 목 / 표

- 1. 기내방송의 정의 및 개요에 대해 알아본다.
- 2. 기내방송의 목적과 역할에 대해 알아본다.
- 3. 기내방송의 책임과 자격에 대해 알아본다.

1. 기내방송의 정의 및 개요

'기내방송(In-Flight Announcement)'이란 항공기 내에서 승객들을 대상으로 이루어지는 모든 방송을 말하며, 운항승무원이 실시하는 'Captain Announcement', 객실승무원이 실시하는 'Cabin Announcement', 사전에 녹음되어 필요시에 방송되는 'Pre-Recorded Announcement', Video System에 의한 'Video Program', 탑승 및 하기 시에 제공되는 'Boarding Music' 등이 모두 기내방송에 해당된다.

항공 여행이 대중화되고 기내서비스에 대한 여행객들의 기대와 요구수준이 점차 높아짐에 따라 기내방송은 단순히 항공기 내에서 제공되는 서비스의 일부가 아니라 항공사의 기내서비스 수준을 결정짓는 중요한 요소로 인식되어지고 있다. 방송승무원이 얼마나 밝고 친절한 목소리와 정확하고 자연스러운 발음과 억양으로 방송하느냐에 따라 승객들은 수준 높은 항공사라는 인상을 받기도 하고 그와 반대의 인상을 받기도 한다. 그러므로 기내방송을 담당하는 승무원은 기내방송의 중요성을 인식하고 항공사를 대표한다는 자긍심과 책임감을 가지고 방송에 임해야 한다.

기내방송의 5대 요소

1. 정확한 발음
2. 자연스러운 억양
3. 적당한 속도
4. 알맞은 크기
5. 밝은 표정

2. 기내방송의 목적과 역할

항공사는 비행 중 승객들에게 항공 여행에 필요한 정보와 지식을 전달할 의무가 있으며, 이는 주로 기내방송을 통해 이루어진다.

기내방송은 정보전달 매체로서 항공기 내에서 해당 항공편의 기내서비스 및 운항과 안전에 관한 정보를 효과적으로 전달하는 역할을 한다. 즉, 기내방송은 승객들에게는 안락하고 쾌적한 여행을 제공하기 위해, 승무원들에게는 원활하고 효율적으로 기내업무를 수행하게 하기 위해 실시된다.

기내방송의 또 다른 목적은 승객을 효과적으로 통제하여 안전한 비행을 하고자 하는데 있다. 다시 말해 안전과 관련하여 승객을 적절히 통제하여 유사시 신속히 상황을 판단하고 효과적으로 대처할 수 있도록 하는 중요한 기능을 지니고 있다. 또한 지연 및 회항 등 비정상 상황이 발생할 경우 적절한 시점에 안내방송을 함으로써 승객의 궁금증과 불안감을 해소하여 편안하고 쾌적한 여행을 할 수 있도록 하는데 그 목적이 있다.

기내방송은 비행 제반 정보를 적시에 전달하여 승객들의 욕구를 충족시킴과 동시에 필요 시 승객을 통제, 지휘하는 수단으로 활용됨으로써 궁극적으로 승객들에게 편안하고 안전한 항공여행을 제공하는 것을 목적으로 한다.

- **비행 정보제공** : 편명, 목적지, 비행시간, 목적지 날씨, 고도 등
- **안전 관련 정보제공** : 승객 브리핑, 착륙 준비, 좌석벨트 착용, 금연, Turbulence 등
- **기내서비스 안내** : 서비스 순서, 식사서비스, 기내판매, 영화 상영 등
- **비정상 상황 시 정보제공** : 운항지연(출발 · 도착 지연) 및 취소, 회항, 선회, 기내환자 발생 시 doctor paging 등
- **비상 상황 시 통제 및 지휘** : 기내 난동승객 발생, 기내 화재 발생, 폭발물 위협정보입수, 비상착륙 · 착수 등

3. 기내방송의 책임과 자격

1) 객실승무원의 직급체계

객실승무원의 직급체계는 항공사별로 다소 차이가 있으나 일반적으로 다음과 같은 직급체계를 따른다.

객실승무원은 신입승무원으로 시작하여 근무 연수와 진급 기회를 통해 승무원의 최상위 직급인 수석사무장까지 오를 수 있는 자격이 주어진다.

수석사무장	CP (Chief Purser)
선임사무장	SP (Senior Purser)
사무장	PS (Purser)
부사무장	AP (Assistant Purser)
여승무원 · 남승무원	SS · SD (Stewardess · Steward)

2) 기내방송 담당 승무원의 자격

기내방송은 해당 항편 승무원 중 방송자격 최상위 등급자가 실시하는 것을 원칙으로 하나 최상위 등급자가 다수일 경우 객실사무장이 Duty를 부여하는 승무원이 방송을 담당하게 된다.

비행 중 기내방송에 대한 기본적인 책임은 방송 Duty를 부여받은 방송담당 승무원에게 있으며, 객실사무장은 해당 항편의 총괄 책임자로서 최종 책임을 진다. 또한 비정상적 상황이 발생할 경우에는 객실사무장이 방송을 담당한다.

3) 기내방송 담당 승무원의 책임

- 기내방송은 방송자격 최상위 등급자가 실시한다. 기내방송 내용 및 품질에 대한 일차적인 책임은 기내방송 담당 승무원에게 있으나 해당편 비행의 기내방송에 대한 최종 책임은 객실사무장에게 있다.
- 기내방송 담당 승무원은 해당 항공사의 제반 방송규정 및 원칙을 준수하여 방송을 실시해야 한다.

- 기내방송 담당 승무원은 항공사가 정한 기내방송 Manual의 방송 문안에 의거하여 방송을 실시해야 한다.
- 기내방송 담당 승무원은 기내방송 Manual의 순서 및 구성을 사전에 숙지하여 적시에 적합한 방송을 실시해야 하며, 어떠한 상황과 환경에서도 절차와 시점에 맞는 능숙한 방송을 할 수 있도록 해야 한다.
- 기내방송 담당 승무원은 기내방송의 목적과 중요성을 인식하고 승객들에게 정확하고 효과적으로 의미가 전달될 수 있도록 방송문의 내용을 완벽하게 이해해야 한다.
- 기내방송 담당 승무원은 명확한 정보전달을 위해 정확한 발음과 자연스러운 억양을 구사할 수 있도록 해야 한다.
- 기내방송 담당 승무원은 승객이 듣기 편안한 방송이 될 수 있도록 적당한 속도와 알맞은 크기, 밝고 친절한 느낌의 음성을 구사할 수 있도록 해야 한다.
- 기내방송 담당 승무원은 방송능력 향상을 위해 꾸준히 노력해야 하며, 기종과 기령에 따라 PA(Public Address)의 종류와 성능에 다소 차이가 있으므로 평소 기종별 올바른 PA(Public Address) 사용법을 정확히 알고 있어야 한다.
- 기내방송 담당 승무원은 방송내용의 정확한 전달을 위해 승객탑승 전 PA(Public Address)의 음질과 볼륨, 잡음 발생 여부 등을 점검하여 최적의 상태에서 방송할 수 있도록 준비해야 하며, PA(Public Address) 사용 시 파열음이 나지 않도록 유의해야 한다.
- 객실사무장은 일반적으로 비정상 상황 및 비상 상황 시 방송을 담당한다. 비정상 상황이 발생할 경우 즉시 적절한 방송을 실시하여 승객의 불안감과 불편함을 최소화해야 한다.

쉬어가기

■ 기내방송의 흥미로운 진화

최근에는 다양한 항공사에서 아무도 주의 깊게 보지 않던 기내 안전방송을 승객들로 하여금 눈이 휘둥그레지고 웃음을 참지 못하게 할 정도로 재미있고 유쾌하게 만들어 선보이고 있다.

뉴질랜드 국적기인 에어 뉴질랜드 항공은 호빗 영화에서 착안, 대자연과 스토리텔링이 결합한 강력한 컨텐츠를 지닌 뉴질랜드의 정체성을 십분 살린 판타지 영화 스타일의 기내방송을 시도한 바 있다.

미국의 델타항공에서는 최근 수년간 소위 재미있는 기내방송을 상영 중이다. 처음에는 다른 일반 기내 안전방송처럼 승무원이 기내에 서서 이런저런 안내를 시작하나 중간 중간 나오는 핵심적인 내용에서 소소한 웃음을 전달한다.

예를 들어 가져온 기내 수하물은 선반에 넣어 달라는 내용에서는 짐가방 그림이 담긴 액자를 승무원이 선반에 싣는 장면이 나오거나 전자기기의 사용은 이 · 착륙시에 금지라는 말에서는 스스로 전원을 차단하는 로봇이 등장한다던가 작은 짐은 앞자리 밑에 넣어달라는 말에 모형 캐리어 가방이 등장하기도 한다.

또 다른 미국의 항공사인 버진 아메리카 항공에서는 델타항공에 대적할 만한 더욱 진보적인 스타일의 기내방송을 선보였다. 기내 안전방송이라기보다는 한 편의 뮤지컬, 혹은 뮤직비디오를 보는 느낌으로 "zip your lips" 떠들지 말고 방송에 집중하라는 멘트가 도입부에서 뮤지컬 풍으로 나오고 승무원 복장의 사람들이 약식으로 기내를 표현한 공간에서 한판 춤과 노래를 선보이고 구명조끼와 산소마스크를 착용하는 과정은 로봇 댄스를 추면서 알려준다.

버진 아메리카 항공의 기내 안전방송에는 자유분방한 미국의 팝 문화와 아이덴티티가 200% 잘 녹아들어 있다. 항공사 마케팅의 수많은 사례 중에서도 바이럴 마케팅에서 큰 성공 사례로 회자되는 버진 아메리카 항공의 기내 안전비디오는 이후 수많은 항공사의 기내방송 컨셉트를 바꾸는 기준이 되었다.

- 자료 참고 : tistory 뿌와짜짜의 영어이야기 -

CHAPTER 2

기내방송의 구성

CHAPTER 2

기내방송의 구성

학 / 습 / 목 / 표

- 1. 기내방송의 원칙과 기준에 대해 알아본다.
- 2. 기내방송의 절차와 종류에 대해 알아본다.
- 3. 기내방송의 요령에 대해 알아본다.

1. 기내방송의 원칙과 기준

기내방송은 비행에 관련된 정보전달 서비스의 기능과 안전에 관련된 승객통제 수단의 기능을 가지며, 궁극적으로 비행과정중 승객의 편안하고 안전한 여행을 보장하기 위해 실시된다.

기내방송 내용을 잘 전달하기 위해서는 정확한 발음, 자연스러운 억양, 적당한 속도, 알맞은 크기로 방송해야 하며, 밝고 친절한 느낌을 전달하기 위해 밝은 표정은 필수적이다. 기내방송 담당 승무원은 비행 중 승객에게 최상의 기내방송 서비스를 제공하기 위해 다음과 같은 원칙과 기준에 따라 기내방송을 실시해야 한다.

- 기내방송은 해당편 탑승 승무원 중 방송자격 최상위 등급자가 실시한다.
- 기내방송은 해당 항공사의 제반 방송규정을 준수하여 실시한다.
- 기내방송은 항공사 방송 Manual 상의 절차 및 문안에 의거하여 실시하되, 비정상 상황이 발생할 경우 기장 및 사무장의 판단 하에 융통성 있게 실시하고 필요 시 비행 종료 후 관련 내용을 보고한다.
- 기내방송은 노선별 특성에 맞게 내용과 언어를 선택하여 실시하며, 기본적으로 2~3개의 언어로 방송한다. Charter Flight의 경우 탑승객 전원이 동일 국적이면 해당 국적 탑승객의 언어로만 방송 가능하다.
- 기내방송은 국내선일 경우 한국어-영어 순으로 실시하며, 국제선일 경우 한국어-영어-현지어 순서로 실시한다. 통상적으로 현지어는 외국인 현지 승무원(Overseas Crew－RS)이 실시함을 원칙으로 하나 외국인 현지 승무원 부재 시에는 외국어방송자격을 취득한 승무원이 실시하거나 Pre-recorded Announcement System을 활용한다.
- 기내방송 중 항공기 운항 및 기체 정비 관련 방송은 운항승무원이 실시한다.
- 기내방송은 서비스순서, 비행 상황, 승객들의 상태에 맞게 적시에 방송해야 하며, 특히 Delay 방송은 최초 발생 즉시 실시하고 Delay가 지속될 경우에는 지연시간과 승객들의 심리상태 등을 고려하여 객실사무장의 판단 하에 5~10분마다 반복하여 방송한다.
- 기내방송은 누락되거나 잘못 전달되는 일이 없도록 해야 하며, 특히 외국어는 단어가 누락되거나 발음에 실수가 발생하지 않도록 주의하여 실시한다.
- 기내방송 시 현재시각이나 비행 잔여시간은 운항승무원 및 Air-show System 상에 나타난 정보와 일관성 있게 안내하고 최대한 정확한 정보를 제공한다.
- 기내방송 시 편명, 날짜, 시간, 고도, 날씨, 온도, 시차 등은 정확한 정보를 바탕으로 실시한다.
- 기내방송 시 해당편의 목적지는 Timetable에 기재된 내용과 동일하게 실시한다.

- 기내방송 시 공항명은 Manual 상의 공항 정식명칭을 사용하며, '도시명 + 공항 공식명칭' 순으로 실시한다.
- 기내방송은 운항승무원이 실시하는 'Captain Announcement', 객실승무원이 실시하는 'Cabin Announcement', 사전에 녹음되어 필요시에 방송되는 'Pre-Recorded Announcement', Video System에 의한 'Video Program', 탑승 및 하기 시에 제공되는 'Boarding Music' 이 있으며, 방송 시점이 충돌될 경우 우선순위에 따라 실시한다.

기내방송의 우선순위

1. Captain Announcement
2. Cabin Announcement
3. Pre-Recorded Announcement
4. Video Program
5. Boarding Music

2. 기내방송의 절차와 종류

1) 기내방송의 절차

방송시점	기내방송	내용
승객탑승 및 이륙 전 방송	Flight NO.& Baggage securing	탑승편 및 수하물 안내
	Preparation for departure	출발준비
	Door Close & Slide Check	도어 잠금 및 슬라이드 체크
	Welcome	탑승환영 및 비행안내
	Safety Demonstration(Passenger briefing)	승객 안전 브리핑
	Take-off	이륙 전 좌석벨트 재확인 방송
비행 중 방송	Seatbelt sign off	좌석벨트 상시 착용
	SVC PLAN	승무원 소개 및 기내 서비스 안내
	In-flight sales (Duty-free sales)	기내 면세품 판매
	Video program/ Movie showing	비디오, 영화 상영
	Wake-up	Wake-up
	Documentation	입국서류 작성 안내
	Turbulence	기류변화(난기류)
착륙 전 방송	Headphone collection	헤드폰 회수
	Arrival information	도착지 정보
	Transit procedure	환승 안내
	Transit gate information	환승 게이트 정보
	Approaching(10,000ft. sign on)	공항 접근
	Landing	착륙
	Quarantine	검역방송
착륙 후 방송	Farewell	환송
	O.H.B warning	선반사용 시 주의
	Slide Check	슬라이드 체크
	Deplane	승객하기 방송

2) 기내방송의 종류

(1) 방송별 종류

순위	기내방송	내용
1	Captain Announcement	운항승무원(기장/부기장)의 방송
2	Cabin Announcement	객실승무원(방송담당 승무원/객실사무장)의 방송
3	Pre-recorded Announcement	사전 녹음된 방송 (예 : 안전데모 영상, 터블런스 방송 등)
4	Video Program	기내 비디오 시스템에 의한 방송 (승객은 음악 및 영화 채널을 CPU(승객 팔걸이 안쪽의 리모컨)로 조절하여 개인별 취향에 따라 이용 가능)
5	Boarding Music	탑승 및 하기 시 음악

(2) 상황별 종류

방송시점	기내방송	내용
승객탑승 및 이륙 전 방송	Flight NO.& Baggage securing	탑승편 및 수하물 안내
	Preparation for Departure	출발준비
	Door Close & Slide Check	도어 잠금 및 슬라이드 체크
	Welcome	탑승환영 및 비행안내
	Safety Demonstration(Passenger briefing)	승객 안전 브리핑
	Take-off	이륙 전 좌석벨트 재확인 방송
비행 중 방송	Seatbelt Sign-off	좌석벨트 상시 착용
	SVC PLAN	승무원 소개 및 기내 서비스 안내
	In-flight Sales(Duty-free sales)	기내 면세품 판매
	Video program/ Movie showing	비디오, 영화 상영
	Wake-up	Wake-up
	Documentation	입국서류 작성 안내
	Turbulence	기류변화(난기류)

방송시점	기내방송	내용
착륙 전 방송	Headphone collection	헤드폰 회수
	Arrival information	도착지 정보
	Transit procedure	환승 안내
	Transit gate information	환승 게이트 정보
	Approaching(10,000ft. sign on)	공항 접근
	Landing	착륙
	Quarantine	검역방송
착륙 후 방송	Farewell	환송
	O.H.B warning	선반사용 시 주의
	Slide Check	슬라이드 체크
	Deplane	승객하기 방송
비정상 상황방송	Delay	항공기 지연
	Flight cancellation	운항취소
	Aircraft change	항공기 교체
	NO smoking	금연안내
	Doctor paging	의사 호출
	In-flight disturbance passenger	기내 난동승객 발생
	Diversion	회항
	Circling	선회
비상 상황방송	In-flight fire	기내화재 발생
	cabin decompression	기내 감압
	Planned Emergency Landing/ Planned Emergency ditching	준비된 비상착륙/착수
	Unplanned Emergency Landing/ Unplanned Emergency ditching	준비되지 않은 비상착륙/착수
	Acquisition on the information of Explosive threat on board	폭발물 위협 정보 입수

3. 기내방송의 요령

1) PA System(public Address System)

PA System(Public Address System)은 승객들에게 비행에 관련된 정보를 제공하기 위해 방송을 할 때 사용하거나 기장의 지시나 명령, 객실사무장 혹은 승무원 간의 호출 및 연락 시 사용하는 방송·통신시스템을 말한다.

2) PA의 종류

① PA와 Interphone 분리형 : B737 등

② PA와 Interphone 합체형 : B747, B767, B777, A330, A321, A320 등

3) PA 사용 시 주의사항

- 비행 전 반드시 PA Test를 실시하여 PA의 작동상태, 소리의 크기(볼륨), 잡음이나 울림 등이 없는지 마이크 상태를 확인한다.
- 마이크는 파열음이 생기지 않도록 입술 정면에 두지 않고 45도 정도 비스듬히 얼굴 옆쪽에 둔다. PA가 너무 가까우면 파열음이나 숨소리가 크게 들릴 수 있고 너무 멀면 소리가 작아 전달력이 떨어지거나 주변의 소음이 더 크게 들릴 수 있으므로 적당한 간격을 유지한다. PA system은 기종별로 상이하므로 비행 전 어느 정도 간격을 두는 것이 적당한지 사전에 체크해둔다.
- 방송 시 PTT(Push to Talk) Button을 꼭 눌러 중간에 방송이 끊어지는 일이

없도록 주의한다.

- 방송 시 갤리나 화장실 등 주변의 소음이 PA를 통해 흘러 들어가지 않도록 주의한다.
- 방송 시 갑자기 큰 소리로 방송하지 않도록 한다. 비행 상황 등을 감안하여 승객들이 놀라지 않도록 차분한 톤으로 방송을 시작하는 것이 좋다. A321 기종과 B777 기종은 PA가 민감하므로 특히 주의한다.
- PA 줄을 세게 잡아당기거나 흔들 경우 잡음이 발생하거나 접촉이 나빠질 수 있으므로 주의한다.
- 천장에 위치한 스피커 밑에서 방송을 할 경우 '삐~' 하는 기계음이 발생할 수 있으므로 스피커와 PA가 마주보지 않도록 주의한다.

4) 기내방송 요령

(1) 방송 시점 및 내용 파악

- 비행 시점별 방송 순서 및 내용을 숙지한다.
- 방송문의 내용을 정확하게 이해하고 파악한다.
- 전달력 있는 방송이 될 수 있도록 의미를 생각하며 그 의미 단위로 띄어 읽는다.

(2) 정확한 발음

- 표준어를 사용하고 사투리나 습관적으로 잘못된 발음이나 억양을 사용하지 않도록 주의한다.
- 입을 크고 벌려 명확한 소리가 나도록 하고, 입술의 모양과 혀의 위치에 주의하여 정확하게 발음한다.
- 충분한 음가가 나도록 성의 있게 발음하고 음이 생략되지 않도록 주의한다.

- 한국어는 장음과 단음, 경음, 이중모음 및 받침이 있는 발음 등에 주의한다.
- 영어는 각 단어의 정확한 발음을 이해한 후 소리 낼 수 있도록 하고 누락되는 발음이 없도록 주의한다.

(3) 자연스러운 억양

- 내용을 단순히 읽는 것이 아니라 대화하듯 자연스러운 억양을 유지한다.
- 조사나 어미를 강조하면 자연스럽게 들리지 않고 말끝을 길게 늘이면 유아적인 어투로 들리므로 주의한다.
- 지나치게 과장된 듯한 억양은 지양하고, 불필요한 기교는 부리지 않도록 주의한다.
- 억양을 너무 많이 올렸다 내렸다 하지 말고 완만하게 하여 부드럽고 자연스러운 흐름을 유지한다.
- 어미를 반복적으로 올리거나 내리지 않도록 한다. 이어지는 부분은 살짝 올려서 자연스럽게 연결하고 쉼표나 마침표가 있는 부분은 어미를 살짝 내려 안정감 있게 마무리한다.
- 너무 자주 끊어 읽으면 문장의 흐름이 자연스럽지 않게 되므로 의미가 전달되는 곳에서 적절하게 끊어 읽는다.

(4) 적당한 속도

- 속도가 빠르면 내용전달이 잘되지 않거나 성의 없게 들리므로 여유로운 마음으로 평상 시 대화 속도보다 느리게 방송한다.
- 긴장하면 속도가 빨라지거나 실수하기 쉬우므로 차분한 마음으로 적당한 속도를 유지한다.
- 쉼표와 마침표에서는 충분한 PAUSE를 두고 끊어 읽는다. 쉼표는 한 박자, 마침표는 두 박자 정도 쉰다는 느낌으로 방송한다. 다만 너무 자주 끊어 읽으

면 방송의 흐름이 부자연스러우므로 의미를 생각하며 적절한 부분에서 끊어 읽는다.

- 의미를 충분히 파악한 후 내용이 잘 전달되도록 끊어 읽되, 문장 안에서 끊어 읽을 때는 PAUSE를 짧게 하여 흐름이 끊어지지 않도록 한다.
- 시작이나 끝부분이 빨라지지 않도록 일정한 속도를 유지한다. 마지막 문장은 안정적으로 끝맺는 느낌을 줄 수 있도록 약간 천천히 방송한다.

(5) 알맞은 음성과 톤

- 힘 있는 목소리로 자신감 있게 방송한다. 사전에 PA Test를 진행하여 적당한 볼륨과 톤을 찾도록 한다.
- 복식호흡을 통한 발성을 사용한다. 복식호흡을 하면 깊고 울림이 있는 소리를 낼 수 있고 호흡 조절도 쉬워지므로 평소 꾸준히 연습한다.
- 목에서만 나오는 소리는 힘이 없어 명확하지 않고 듣기 피곤한 톤이 될 수 있으므로 주의한다.
- 너무 가늘고 높은 소리는 신뢰감과 안정감을 주지 못하고 전달력도 떨어진다. 반면 너무 낮고 굵은 소리는 분위기가 어두워지므로 듣기 좋은 편안한 소리가 나도록 본인에게 알맞은 음성과 톤을 찾는 연습을 꾸준히 한다.

(6) 밝은 표정과 바른 자세

- 표정은 목소리를 통해 전달되므로 밝은 표정으로 방송하면 목소리도 밝고 친절하게 느껴진다. 무뚝뚝한 표정으로는 절대 밝고 친절한 목소리를 낼 수 없음을 명심하고 항상 밝은 표정으로 방송한다.
- 방송 내용과 부합하는 감정이 전달되지 않는 방송은 무미건조하고 전달력이 떨어지므로 승객들의 공감을 형성하기 어렵다. 따라서 밝은 표정과 함께 목소리에 마음을 담아 감정도 함께 전달되도록 방송한다.

- 평소 밝은 표정으로 방송 연습을 해야만 비행 중에도 밝은 표정으로 방송할 수 있으므로 방송훈련 시 표정도 함께 연습한다.
- 효과적인 음성을 내기 위해서는 바른 자세가 전제되어야 한다. 허리를 곧게 편 상태에서 가슴은 살짝 올리고 배는 집어넣어 바른 자세로 방송한다.
- 고개를 숙여 방송할 경우 목소리가 낮아지거나 잠기는 경우가 발생하므로 고개를 숙인 채 방송하지 않도록 한다.

쉬어가기

■ **사우스웨스트 항공의 기내방송 가치**

세계 최대 저비용항공사인 미국의 사우스웨스트 항공은 저렴한 가격과 친절한 서비스로 높은 평가를 받고 있으며, 위트 넘치는 멘트와 랩 음악 형태의 기내방송으로 유명하다.

특히 이 회사의 승무원들은 지루한 업무 중에도 항상 약간의 재미를 주기 위해 노력하는 것으로 알려져 있는데 그 중에서도 사우스웨스트 항공사의 재기발랄한 안전수칙 안내 방송은 아주 유명하다. 실제로 사우스웨스트 본사에는 최고로 재치있는 안내방송이 박제되어 있는 '명예의 전당'이 있을 정도이다.

"승객여러분, 잠시만 집중해주시는 척 해주시면 감사하겠습니다."

"혹시 비행 중에 담배를 피우실 분들을 위해 따로 장소를 마련해 두었습니다. 비행기 밖으로 나가시면 항공기의 양 날개가 있는데, 담배를 피워야 한다면 날개 위에 있는 흡연구역을 이용해주시기 바랍니다. 거기 계신 동안 여러분들을 위해 비행기 내부에서는 '바람과 함께 사라지다'를 상영해드리겠습니다."

"비상 상황이 되면 산소마스크가 머리 위 선반에서 떨어지는데, 신속하게 착용하시기 바랍니다. 산소는 처음 1분 동안 2달러, 그 이후부터는 1달러씩입니다."

사우스웨스트 항공의 기내방송은 일반적으로 대부분의 사람들이 가지고 있는 '기내방송은 지루하고 재미없다'는 편견을 깨뜨렸다. 하지만 항공사가 이렇게까지 할 '가치'가 있을까?

이에 사우스웨스트 항공사의 분석팀은 이러한 기내방송의 경제적 가치를 따져보았는데 1년에 1회 이상 사우스웨스트를 이용하는 충성고객 중 우스꽝스러운 안전수칙 안내방송을 들은 고객은 이러한 방송을 듣지 않은 고객에 비해 이듬해에 항공사를 1.5번 더 이용하는 것으로 밝혀졌다. 0.5번의 금전적 가치는 얼마나 될까? 분석팀은 만일 사우스웨스트가 재미있는 안전수칙 안내방송을 듣는 승객의 수를 두 배로 늘린다면 수익을 약 1억 4천만 달러나 향상시킬 수 있다고 결론 내렸다.

그저 직원들이 약간의 우스갯소리를 했을 뿐인데 재정적인 투자를 전혀 하지 않고도 이러한 어마어마한 금전적 효과를 누릴 수 있다니 굉장한 결과이다.

- 자료 참고 : 웅진씽크빅 포스트 -

CHAPTER 3

기내방송의 기초준비

CHAPTER 3

기내방송의 기초준비

학 / 습 / 목 / 표

1. 음성언어의 요소에 대해 알아보자.
2. 호흡연습을 해보자.
3. 발성연습을 해보자.
4. 발음연습을 해보자.

1. 음성언어의 요소

기내방송은 비행기 안이라는 상황적 요소와 다수에게 전달하기 위해 사용하는 도구에 의한 방법적 요소를 제외한다면 목소리를 통해 상대방에게 하고자 하는 말을 전달한다는 점에서 일반적인 대화와 크게 다르지 않다. 목소리란 '음성'이라고도 하며, 사람이 내는 소리를 말한다. 즉 사람이 성대를 이용하여 말하거나 웃거나, 울거나, 노래할 때 내는 소리들을 '음성'이라 한다. 호흡에 의한 날숨으로 성가 진동을 일으키면 이로 인해 파동이 만들어지는데, 이렇게 만들어진 파동은 발성기관을 지나 인두, 비강의 공명기관을 거치면서 소리의 크기를 결정한다. 이후 혀, 입천장, 이, 그리고 입술을 활용해 발음하는 조음기관에 의해 최종적으로 목소리(음성)가 만들어진다. 간단히 말해 목소리(음성)는 성대의 진동과 입 모양의 조합에 따라 결정된다고 할 수 있다.

1) 호흡

'호흡(respiration)'이란 들숨과 날숨을 말하는데 호흡을 하는 폐는 소리를 만드는 공기의 양을 만들어내기 때문에 목소리를 만드는데 중요한 역할을 한다. 호흡은 발성에 매우 중요한 영향을 주기 때문에 방송 시 올바른 호흡법을 구사하는 것은 좋은 발성을 위한 기초가 된다. 호흡은 흉식호흡과 복식호흡으로 크게 나뉘는데 좋은 목소리를 내기 위해서는 복식호흡을 꾸준히 연습해야 한다.

2) 발성

'발성(vocal cords)'은 성대에서 시작되는데 코의 뒤, 즉 식도의 입구인 후두에서 생성된다. 폐에서 나오는 소리는 후두, 즉 숨구멍에 있는 성대기관을 지나고, 성대를 지나가면서 진동을 통해 소리가 만들어진다. 성대와 공기의 마찰에 의해 생성된 소리를 키워 주는 곳이 공명강(resonance tube)인데 이러한 공명강은 인두, 구강, 비강이 주를 이루며 원음을 듣기 좋은 소리로 만들기 위해서는 좋은 공명이 있어야 한다. 원래 성대의 진동으로 생긴 소리는 작고 음색이 거의 없으나 이 소리가 공명강을 지나면서 울림이 커지고 성대에서 생긴 진동이 전달되어 배음이 첨가됨으로써 음이 더욱 아름답고 크게 된다. 성대는 목소리의 높낮이를 조절하는데 높은 소리일 때는 성대가 좁아지고, 낮은 소리일 때는 넓어지며 성대가 강화되면 오랜 시간 말을 해도 쉽게 목이 쉬거나 목소리가 변하지 않게 된다. 알맞은 크기의 목소리는 기내방송의 질을 결정하는 또 하나의 중요한 요소이다. 기내방송 시 목소리가 너무 클 필요는 없지만 힘이 있고 자신감이 있어야 좋은 방송이라고 할 수 있다.

3) 공명

성대를 통해 나오는 소리는 입 밖으로 나오기 전 성대 위의 공간을 거치면서 변형되고 증폭되며 목소리의 울림이 만들어진다. 여기서 성대 위의 공간은 인두, 구강, 비강을 말하는 것으로 이를 '공명기관'이라고 하며 이는 편안하고 듣기 좋은 목소리의 기본이 된다. 사람은 누구나 각자 고유의 음역를 가지고 있으며, 알맞은 톤은 사람마다 다를 수 있다. 윗니와 아랫니를 살짝 벌린 채 입안에 공기를 머금고 입술을 다문 상태에서 '음~'소리를 내보자. 그리고 양손으로 안면을 만지면 볼에서 울림이 느껴지는데 이것을 '공명'이라고 한다. 공명은 울림의 위치에 따라 머리 부분이 울리는 고음의 두성과 가슴이 울리는 저음의 흉성으로 구분되며, 가장 이상적인 공명은 두성과 흉성의 비율이 일정할 때이다. 즉 목구멍 가운데 부분에서 울림소리가 만들어질 때 공명이 가장 활발하며, 이것이 내 몸의 타고난 '공명점', 즉 '키톤'이다.

4) 발음

정확한 발음은 정보전달에 있어 매우 중요한 요소가 된다. 소리를 내는 조음기관은 혀, 이, 입술, 치아, 턱으로 구성되는데 '발음'이란 이러한 조음기관을 통해 말을 만들어내는 것을 말한다. 정확한 발음을 내기 위해서는 조음기관 중 먼저 혀와 아래턱의 움직임이 부드러워야 하며, 모든 조직이 일괄적으로 정확하게 움직여야 한다. 우리말 모음과 자음의 발음정확도는 입을 벌리는 크기로 간단하게 측정되는데, 입술을 정확하게 벌리지 않으면 닫힌 느낌의 소리가 나타나고 반대로 입을 크게 벌리면 명확한 소리가 난다.

5) 톤

'톤'이란 개개인이 가진 고유의 음색과 여기서 느껴지는 전반적인 분위기를 말하는데 일반적으로 높은 음색은 경쾌하고 상냥한 느낌을 주고 중간 음색은 신뢰감과 안정감을 주며, 낮은 음색은 권위와 무게감을 느끼게 한다. 좋은 방송은 좋은 목소리의 연출과도 밀접한 관계가 있다. 좋은 목소리에는 여러 가지 요소가 있겠으나 그 중에서도 밝고 적당한 톤은 상대방에게 편안함과 신뢰감, 안정감을 주기 때문에 좋은 목소리를 구성하는 중요한 요소라 할 수 있다.

6) 억양

'억양'이란 말소리에 수반되는 언어의 높낮이를 말한다. 동일한 문장을 말해도 억양에 따라 듣는 사람의 이해도가 다를 수 있다. 조사나 어미에 강하게 힘을 주어 억양을 반복적으로 올리거나 내리는 것, 습관적으로 조사나 어미를 끄는 것은 좋은 억양이라 할 수 없으며, 특히 너무 딱딱하거나 단조로운 억양은 지루함을 주고 집중력을 떨어뜨리므로 말하는 것처럼 다양하고 자연스러운 억양을 사용하도록 노력해야 한다.

7) 속도

말의 속도는 내용의 전달력을 좌우하는 요소 중 하나이다. 말의 속도가 빠르면 발음이 부정확해질 수 있어 내용이 잘 전달되기 어려우며, 성의 없이 들릴 수 있다. 반면 말의 속도가 지나치게 느리면 무성의하고 지루한 느낌을 주어 전달력이 저하된다. 기내방송 내용이 잘 전달되려면 무엇보다 적절한 속도를 일정하게 유지하는 것이 중요하다. 평소 말하는 속도로 기내방송을 할 경우 다소 빠르게 느껴질 수 있기 때문에 평상시 말하는 속도보다 느리게 한다는 생각을 가지고 여유롭게 방송해야 한다. 쉼표는 한 박자, 마침표는 두 박자 정도 쉰다는 느낌을 가지면 되나 쉼표, 마침표, 띄어읽기 등 문장이 끝나는 곳에서 너무 긴 시간을 쉬지 않도록 주의해야 한다.

8) 띄어 읽기(PAUSE)

끊어 읽거나 띄어 읽는 것을 의미하는 'PAUSE'는 내용 전달에 있어 매우 중요한 역할을 한다. 문장을 읽을 때 적절히 띄어 읽지 않으면 전달하고자 하는 의미가 오역될 수 있기 때문에 기내방송 전에 내용을 충분히 이해하고 내용의 흐름을 정확히 파악하여 중요한 부분에 표시를 해두면 방송 시 정확한 내용을 전달할 수 있다. 방송문에 PAUSE 표시법인 V 표시나 Slash(/) 표시를 해 두면 의미를 구분하고 또박또박 천천히 읽을 수 있다. 쉼표(,)가 있는 경우에는 체크를 하지 않더라도 반 박자 정도 쉬어가고 Slash(/)에서는 한 박자 정도 쉬면서 호흡을 가다듬고 이중 Slash(//)로 표시해둔 곳에서는 두 박자 정도 쉰다는 느낌으로 구분하여 읽으면 전달력을 높일 수 있다. 마지막으로 단어와 단어가 결합되어 있는 단어(ex: 기내용품, 안내책자, 검역당국, 항공보안, 세관신고, 전자기기 등)의 경우에는 명사 단위로 구분하여 (ex: 기내/용품, 안내/책자, 검역/당국, 항공/보안, 세관/신고, 전자/기기 등) 이해하고 읽으면 내용을 잘 전달할 수 있다.

9) 강조

'강조법'은 내용의 전달력을 높이기 위해 중요한 정보와 핵심어구를 강조하는 기법을 말하는데 상황에 따라 다양한 기법을 사용할 수 있다.

강조란 전체적인 의미를 분명하게 하여 내용의 전달력을 높이는 역할을 한다. 따라서 기내방송 시 주위 단어와 비교하여 강조할 부분은 음성의 세기와 높이를 더 높고 더 강하게 표현하고 속도는 약간 천천히 하는 것이 좋다.

기본적으로 항공사명, 목적지, 도착지, 공항명 등의 고유명사는 톤을 높이거나 힘을 주어 읽는 강조법을 사용하고 복잡하고 어려운 내용은 천천히 속도를 늦추어 말하는 강조법으로 승객의 이해를 돕는다. 인명(기장이름)이나 편명은 한 음절마다 'PAUSE'를 두어 끊어 읽기로 강조하고 나열식 문장에서는 단어 하나 하나 'PAUSE'를 주어 끊어 읽기를 하면 승객들의 집중력을 높여 방송의 전달력을 향상시킬 수 있다.

방송을 할 때 핵심단어나 내용을 강조해야 방송의 주요 내용이 잘 전달된다. 방송의 전달력을 높이기 위해서는 5가지 강조법을 기억하도록 하자. 첫 번째 소리조절을 통한 강조, 두 번째 톤(높임, 낮춤)을 이용한 강조, 세 번째 천천히 말하기 강조, 네 번째 모음 늘이기 강조, 다섯 번째 쉬기(pause) 강조가 있다.

■ 소리조절을 통한 강조

강조하고자 하는 문장을 크게 말하거나 혹은 작게 말하여 듣는 이로 하여금 조금 더 집중할 수 있도록 한다. 우리가 일반적으로 알고 있는 단어나 내용을 강조할 때 적합하다.

> **학습**에 있어 가장 중요한 것은 무엇일까요? 바로 **집중력**입니다.

■ 톤(높임, 낮춤)을 이용한 강조

강조하고자 하는 의미를 살려 높이거나 낮추면서 강조한다.

소중한 여:행을 함께 해주셔서 대단히 감사합니다.
출발이 예:상 시각보다 늦어져 죄송합니다.

■ 천천히 말하기 강조

정보전달이나 숫자, 익숙하지 않은 용어를 강조할 때 사용한다.

로스앤젤러스의 현재 시각은 11월 27일 금요일 오전 8시 32분입니다.

■ 모음 늘이기 강조

자음, 모음 부분을 길게 말하여 강조한다.

소:중한[소~~중한] 여행을 함께해주셔서 대:단히 [대~~단히] 감:사[감~~~사]합니다.

■ 쉬기(Pause) 강조

오늘의 주인공/// 과연 누구일까요?

2. 호흡연습

인간은 물이나 음식은 며칠 먹지 않아도 살 수 있지만 호흡은 단 몇 분이라도 하지 못하면 살 수가 없다. 대부분의 사람들은 호흡을 단순히 산소를 들이마시고 이산화탄소를 내뱉는 행위로만 생각하지만, 호흡은 인간의 생존에 필요한 가장 중요한 요소이며, 목소리를 만드는 기본 원동력이라고 할 수 있다. 말을 조금만 해도 목이 아프거나 성대에 무리가 온다면 제대로 된 호흡을 하고 있는지 확인해 보아야 한다. 건강하고 안정된 목소리를 갖기 위해서는 무엇보다도 올바른 호흡으로 발성해야 한다.

호흡은 크게 흉식호흡과 복식호흡으로 나눌 수 있다. 흉식호흡은 늑골(갈비뼈) 사이에 있는 늑간근이 주로 작용하는 호흡법으로, 외늑간근이 수축할 때 흉곽이 확장되어 공기가 폐로 들어오고 내늑간근이 수축할 때 흉곽이 압축되어 공기가 폐에서 빠져나간다. 즉 흉식호흡이란 호흡할 때 가슴 쪽 근육을 이용해서 공기를 흡입하는 것으로, 입으로 들이마시고 입으로 내뱉는 호흡을 말한다. 흉식호흡은 가슴으로 숨을 들이마시기 때문에 폐활량이 적으면서 많은 에너지를 소모하는 방식으로 호흡의 양이 비교적 적다. 그러므로 흉식호흡을 하면서 말을 하게 되면 쉽게 숨이 차고 말이 빨라지면서 점점 메마른 소리가 나온다. 반면에 복식호흡은 코로 숨을 들이마시고 입으로 내뱉는 호흡법으로 호흡을 할 때 배의 근육을 이용해서 횡격막을 수축 또는 이완시킨다.

방송의 가장 기본이 되는 안정된 발성을 위해서는 호흡에 대한 이해가 무엇보다 중요하다. 소리는 호흡의 날숨을 통해 만들어지는데, 그렇다면 이 날숨은 어떻게 쉬어야 할까? 날숨은 배에 힘을 주고 들어온 공기를 밀어내는 복식호흡 방법을 통해 뱉어내야만 한다.

흔히 우리가 사용하는 흉식호흡은 호흡 시 들이마시고 내뱉는 속도가 빠르고 어깨가 들썩이게 된다. 흉식호흡은 숨을 많이 담을 수 없으므로 호흡량이 작아져 방송 시 빨리 숨이 찰 수가 있으며, 발성 또한 오래 들으면 피곤한 높은 톤의 목소리로 이어질 확률이 크다. 때문에 다소 유아적이고 비전문적인 느낌을 주고 안정된 발성을 구사하기 어렵다. 그렇다면 제대로 된 호흡을 하는지 어떻게 체크해 볼 수 있을까? 호흡연습 시 자신이 복식호흡을 하는지 흉식호흡을 하는지 판단이 안 될 때에는 자신의 어깨의 움직임을 살펴보도록 하자.

1) 복식호흡

복식호흡은 숨을 쉴 때 가슴과 어깨에 힘을 빼고 배를 내밀어 호흡하는 것으로, 횡격막이 아래로 내려가면서 배가 풍선처럼 부푸는 것을 말한다. 많은 사람들이 갈비뼈 근육을 사용하는 흉식호흡을 주로 하는데 흉식호흡은 폐활량이 적기 때문에 계속 하다보면 숨이 얕아지고 빨라져서 발성 시 목에 힘이 들어가거나 편안한 목소리가 아닌 얇거나 거친소리가 나오게 된다. 반면, 복식호흡은 숨을 쉴 때 가슴과 폐에 힘을 빼고 배를 내밀며 호흡하는 것을 말한다. 즉, 숨을 들이마실 때 횡격막과 폐 아랫부분을 아래로 내리듯이 호흡하는데 이때 횡격막이 아래로 내려가면서 장기가 눌려 배가 나오기 때문에 횡격막 호흡이라고도 불린다. 복식호흡을 하게 되면 폐활량이 풍부해져 힘 있고 활기 넘치는 소리를 만들 수 있을 뿐만 아니라 높은음을 내도 소리가 거칠어지지 않아 듣기 좋은 목소리를 만들 수 있다. 또한 말의 속도를 조절할 수 있으며 긴 시간 말을 해도 성대 부담을 줄여 주어 오랫동안 건강한 발성을 유지할 수 있다.

복식호흡은 복부에 숨(공기)을 크게 담을 수 있기 때문에 폐활량이 많아져서 기내방송 시 긴 문장을 말할 때도 안정감 있게 들릴 수 있게 된다.

2) 복식호흡 방법

① 기본자세

- 몸에 힘을 빼고 어깨와 목의 긴장을 푼다.
- 턱을 아래로 내리고 아랫배에 힘을 준다.
- 어깨 너비로 다리를 벌리고 허리를 펴고 꼿꼿이 선다.

② 복식호흡법

- 들숨 : 숨을 천천히 2~3초 정도 코로 깊게 들이마신다. 이때 흉부 아래 복부로까지 천천히 숨을 채워 넣는다는 느낌으로 끝까지 들이마신다. 어깨와 가슴이 움직이지 않도록 주의하며 배가 부풀어 오르는 것을 확인한다.
- 참는 숨 : 숨을 1초 정도 잠시 멈춘다.
- 날숨 : 내쉴 때는 아주 천천히 후~~하며 공기를 뱉어낸다. 최대한 길게 내뱉는다는 생각으로 호흡한다.
- 두 번째에는 빨리 들이마시고 빨리 내쉰다.
- 같은 속도로 서서히 들이마시고 같은 속도로 서서히 내쉰다.
- 빠르게, 느리게 혹은 들숨은 빠르게 날숨은 느리게 등 여러 가지 방법을 활용하여 연습을 반복한다.

복식호흡의 올바른 자세는 들숨과 날숨을 쉴 때 어깨가 고정되고 배만 움직여야 한다. 들숨 시 어깨가 올라가고 날숨 시 어깨가 내려가는 것은 잘못된 자세이다. 자신의 어깨와 가슴이 호흡을 할 때 움직이지 않도록 거울을 보고 연습을 하면 효과적이다. 거울에 비치는 모습을 보며 어깨와 가슴이 올라가지 않도록 주의하고 숨을 쉴 때 배가 나오고 들어가는지 확인한다.

손을 배에 올리고 배가 올라가고 내려가는 것을 직접 느끼면서 연습하게 되면 보다 효율적으로 복식호흡을 할 수 있다. 또한 매일 반복적으로 훈련을 하게 되면 안정적이고 풍성한 목소리를 낼 수 있다.

3) 복식호흡 연습

복식호흡을 위한 기본자세는 우선 전신의 힘을 빼는 것이다. 그러기 위해 제일 먼저 해야 할 것은 몸을 이완하여 긴장을 푸는 것이다. 그리고 손을 상하좌우로 흔들어보고 머리, 목, 턱, 어깨와 팔 등을 가볍게 풀면서 심호흡을 한다.

■ 복식호흡 연습 1

① 어깨에 힘을 완전히 빼고 상반신은 바르게 세운다. 가슴을 활짝 편 상태에서 다리를 골반 넓이로 벌리고 바르게 선다.
② 호흡하기 편안한 자세를 취하고, 우선 배에 힘을 주는 연습을 한다. 입을 다물고 숨을 코로 천천히 들이마시면서 복부의 팽창감을 느낄 수 있도록 한다. 숨을 충분히 들이마신 다음 순간 배에 힘을 주고 숨을 멈춘다.
③ 그 다음에는 절대 목에 힘이 들어가지 않은 상태로 얼굴이 빨개질 때까지 숨을 참을 수 있을 때까지 멈추었다가 최대한 천천히 숨을 내뿜는다.
④ 마음을 편안하게 가지고 호흡에 신경을 쓰며 위의 과정을 여러 번 반복하여 익숙해지도록 습관화시킨다.

■ 복식호흡 연습 2

① 5초 동안 숨을 충분히 들이마신 다음 입을 벌려 '스~~~'소리를 낸다.
② '스~~~'소리를 낼 때 손바닥을 입 가까이 대고 날숨이 손바닥까지 전해지는지 느껴본다.
③ '스~~~'소리와 함께 숨을 내뱉을 때 배가 수축되면서 쏙 들어가는지 눈으로 확인한다.

■ 복식호흡 연습 3

① 숨을 최대한 길게 들이마신 후 풍선을 한 번에 크게 분다.
② 풍선의 입구를 잡고 잠시 멈춘 후 다시 숨을 최대한 길게 들이마셨다가 풍선을 한 번에 크게 분다.
③ 반복적으로 연습하여 폐활량을 늘이고 복식호흡에도 익숙해지도록 한다.

4) 단(短)호흡과 장(長)호흡

- 단(短)호흡 : 코로 들이마시고 입으로 내쉴 때 짧은 숨으로 반복한다.
- 장(長)호흡 : 코로 들이마시고 입으로 내쉴 때 긴 숨으로 반복한다.

두 가지 호흡법을 통해 복식호흡을 유지하는 법을 배워보자.

5) 카운트 호흡법

폐활량은 목소리에서 체력과도 같은 중요한 요소이다. 카운트 호흡법을 통해 자신의 폐활량을 체크해보자.

① 발은 어깨너비로 벌리고, 팔은 편하게 내린다.
② 코로 숨을 들이쉴 수 있는 최대치로 들이마신다. 이때 가슴이 나오지 않게 주의한다.
③ 약 3초간 숨을 멈춘다.
④ 치아 사이로 '스~~' 소리를 내며 숨을 천천히 오랫동안 뱉는다. 숨을 뱉기 시작한 시점부터 시간을 재어본다.
⑤ 숨이 다 빠질 때까지 뱉는다.

6) 흉식호흡과 복식호흡 구별법

① 한 손은 가슴 위, 한 손은 배 위에 놓는다.
② 코로 숨을 들이마시고, 입으로 내쉰다.
③ 이때 가슴 위에 올린 손이 오르락내리락하는지, 배 위에 올린 손이 오르락내

리락 하는지 체크한다.

④ 가슴이 오르락내리락하고 어깨가 움직이며, 들숨일 때 배가 들어간다면 역방향으로 호흡, 즉 흉식호흡을 하고 있다는 것이니 주의한다.

⑤ 가슴과 어깨를 그대로 유지하고, 배로만 호흡하는 것에 집중한다.

⑥ 들숨일 때 배가 나오고, 날숨일 때 배가 들어가는지 확인한다.

⑦ 복식호흡이 잘 되지 않을 경우 몸을 구부린 상태나 누워있는 상태에서 호흡해본다.

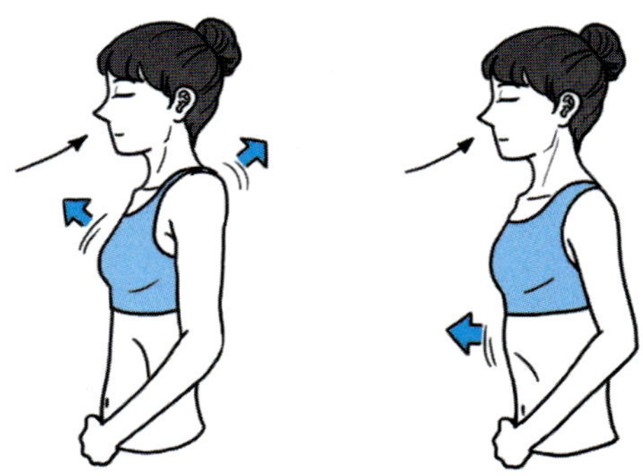

3. 발성연습

말하기에서 가장 중요한 부분은 발성이라고 할 수 있다. 발성이란 성대를 진동시켜 입, 코를 통해 소리가 나게 하는 것을 말한다. 목소리의 음낮이는 성대의 진동수에 따라 결정되는데, 성대가 많이 진동할수록 높은 소리를 내기 때문에 일반적으로 여자의 목소리가 남자보다 높은 음역의 소리를 내게 된다.

발성은 호흡방법 및 호흡량에 따라 여러 가지로 구분된다. 즉 흉식호흡을 하느냐 복식호흡을 하느냐에 따라 호흡량이 결정되는데 가장 좋은 발성은 복식호흡을 통한 복식발성이다. 올바른 호흡방법인 복식호흡을 통해 복식발성을 하게 되면 호흡이 풍성해지기 때문에 안정된 목소리를 낼 수 있으며, 기내방송을 길게 하더라도 성대에 무리가 가지 않아 장시간 비행에서 목이 아프거나 쉬지 않을 수 있다. 발성훈련에서 가장 중요한 것은 얼마나 장시간 정확하고 좋은 목소리를 유지할 수 있는지 여부인데, 일반적으로 사람들 앞에서 발표를 하거나 말을 할 때에 긴장을 하게 되면 자신의 목소리보다 톤이 높아지고 일명 생소리가 나오게 된다. 이러한 상태가 계속되면 성대에 무리가 가서 목소리가 변할 수 있다. 그러므로 긴장을 하더라도 평소와 비슷한 톤과 목소리를 낼 수 있도록 발성연습이 필요하다.

발성을 위한 기본자세는 우선 몸을 이완하여 긴장을 풀고 전신의 힘을 빼는 것이다. 손을 상하좌우로 흔들어보고 머리, 목, 턱, 어깨와 팔 등을 가볍게 풀면서 다리에 약간 힘을 주고 시선은 전방 15~20도를 주시한다. 그리고 발끝에 중심을 맞춘 후 몸 전체를 약간 앞으로 기울인다. 이때 목과 머리는 발성기관에 영향을 주므로 너무 위나 아래를 향하지 않도록 한다.

1) 기본 발성 연습

① 어깨 넓이 정도로 다리를 벌리고 선 자세에서 입을 크게 벌린다.
② 최대한 크게 입을 벌린 상태에서 '아~~~~~' 소리를 낸다. 이때 멀리 있는 사람이 들릴 정도로 큰소리를 낸다.
③ 입을 더 크게 벌리면서 '아, 에, 이, 오, 우' 소리를 하나씩 연습한다.

■ 기본 발성 연습 1

아- 아- 아-
에- 에- 에-
이- 이- 이-
오- 오- 오-
우- 우- 우-

아-에-이-오-우-
에-아-이-오-우-

■ 기본 발성 연습 2

호흡을 빠르게 하며, '오', '우'를 한 음절씩 연속발성 해보는 훈련이다. 배가 쑥 쑥 들어가면서 소리가 생성되어 나오는 것을 느껴보는 것이 중요하다. 또한 '오'와 '우'모음은 우리가 평상시 정확한 입모양으로 발음하지 않는 대표적인 모음이다. 입술을 오므리고 입모양을 둥글게 만든 후, 소리를 입 밖으로 끌어내는 느낌으로 또렷하게 발음해보자.

오 오 오 오 오 오 오 오 오 오
오 오 오 오 오 오 오 오 오 오 (10회 반복)

우 우 우 우 우 우 우 우 우 우
우 우 우 우 우 우 우 우 우 우 (10회 반복)

오 우 오 우 오 우 오 우 오 우
오 우 오 우 오 우 오 우 오 우 (10회 반복)

■ 기본 발성 연습 3

산 정상에 서서 야호! 하고 외치듯 먼 산으로 소리를 내보낸다는 느낌으로 힘 있는 발성 연습을 해보자. 처음에는 짧게 끊어서 외치다가 점점 음절을 길게 늘여서 발성해보자. 점점 목소리가 탁 트이는 느낌을 받을 것이다.

야!호! 야!호! 야!호!
야!호! 야!호! 야!호!

야~호~ 야~호~ 야~호~
야~~호~~ 야~~호~~ 야~~호~~
야~~~호~~~ 야~~~호~~~ 야~~~호~~~
야~~~~호~~~~ 야~~~~호~~~~ 야~~~~호~~~~

2) 복식발성 연습

① 천천히 숨을 크게 들이마시며 복식호흡을 한다.

② 날숨에 '가 ~ 하'까지 모음 소리를 입혀 내뱉는다. 성대가 떨리지 않도록 주의한다.

코로 들이쉬고 입으로 내뱉으면서 최대한 길게 '가~~~~~~~~~'
코로 들이쉬고 입으로 내뱉으면서 최대한 길게 '나~~~~~~~~~'
코로 들이쉬고 입으로 내뱉으면서 최대한 길게 '다~~~~~~~~~'

…

…

코로 들이쉬고 입으로 내뱉으면서 최대한 길게 '하~~~~~~~~~'

복식발성을 할 때에는 입 모양을 최대한 크게 하고 목구멍을 열어준다는 느낌으로 소리를 내야만 힘 있는 발성을 할 수 있다. 목에 힘을 풀고 최대한 배로 소리를 내도록 노력한다.

3) 스타카토 발성 연습

스타카토(staccato)란 음악을 연주할 때 음을 하나하나 매우 짧게 끊어서 연주하는 기법을 말한다. 승무원은 위급한 상황이나 중요한 사항을 전달할 때 단어 하나 하나에 힘을 주어서 강약을 조절해야 승객들에게 중요한 정보를 빠르게 전달할 수 있다. 스타카토 기법을 응용하여 발성연습을 꾸준히 한다면 목소리의 볼륨을 높일 수 있고 소리에 강한 힘을 전달할 수 있기 때문에 말의 신뢰감을 줄 수 있다. 스타카토 발성을 할 때에는 목에 힘이 들어가지 않도록 주의하고 한음 한음 끝날 때에 배의 움직임에 집중하여 복부에서 소리가 울릴 수 있도록 노력한다.

아 에 이 오 우 × 3회
하 헤 히 호 후 × 3회

4) 두성 발성

두성 발성이란 두개골 밑에 바로 붙어있는 코 안의 공간, 즉 '비강'이라는 곳을 세게 공명하여 머리까지 울리게 만들어 발성하는 것을 말한다. 두성은 흉성과 다르게 진성 고음부분으로 승무원이 승객들에게 서비스 시 말하는 '솔'톤의 발성을 위해서 필요한 발성법이라고 할 수 있다. 두성 발성을 위해서는 성대에서부터 비강의 위치까지 소리가 막히지 않고 발성이 되어야 하는데 그러기 위해서는 입 안쪽인 구강 공명점이 확보되어야 한다. 쉽게 말하면 힘을 빼고 입안의 공간을 확보하여 소리가 성대에서 위쪽 방향으로 자연스럽게 나갈 수 있도록 길을 열어준다. 그리고 머리 위 정수리 위쪽을 쭉 잡아당긴다는 느낌으로 소리가 뻗어 나가는 느낌으로 발성하면 두성 발성 느낌이라고 할 수 있다.

5) 좋은 발성을 위한 안면 근육 스트레칭

운동을 하기 전 스트레칭을 하는 것처럼 좋은 기내방송을 위해서는 안면 근육의 스트레칭이 필요하다. 기내방송 특성상 단 한 번의 실수도 용납되지 않기 때문에 좋은 방송을 위해서는 충분한 안면 근육 스트레칭이 필요하다.

눈썹 운동 → 눈 운동 → 코 운동 → 볼 운동 → 턱 운동 → 입 운동 → 혀 운동 순서로 진행한다.

① 눈썹 위에 손가락을 가로로 올리고 손가락 위로 눈썹을 올려준다. (4회 정도 실시)
② 눈동자를 위, 아래, 왼쪽, 오른쪽 순으로 움직인 다음 시계 방향과 반대 방향으로 돌려준다.
③ 코를 찡긋하고, 다시 크게 펴주기를 반복한다. (2회 정도 실시)
④ 좌, 우로 바람을 불어 볼을 팽창시킨다. 혀를 볼 쪽으로 밀어 볼 근육을 펴준다.
⑤ 입을 '아'하고 벌린 후 턱을 오른쪽, 왼쪽으로 돌린다.
⑥ 입술을 최대한 오므렸다가 최대한 벌려주기를 반복한다.
⑦ 혀끝으로 원을 그리며 움직이고 좌우로 반복한다.

4. 발음연습

정확한 발음은 올바른 내용 전달에 있어 매우 중요한 역할을 한다. 정확한 발음을 위해서는 말소리를 만드는 조음기관 중 혀와 입술 그리고 아래턱의 움직임이 부드러워야 한다. 평소 말을 할 때 입술만 달싹거리지 말고 복식호흡을 기본으로 하여 조음기관을 적극적으로 활용한다면 보다 정확한 발음을 할 수 있을 것이다.

기내방송 수업이나 면접연습을 하다 보면 목소리와 관련해서 고민을 토로하는 학생들을 종종 보게 된다. 그런데 이들이 말하는 것을 자세히 살펴보면 입을 크게 벌리지 않고 입술의 움직임도 별로 없다는 것을 알 수 있다. 이처럼 대충 발음하는 나쁜 습관이 평소 몸에 배어 목소리의 전달력을 떨어뜨리는 경우가 대부분이다. 때문에 평소에 하던 게으른 발음습관을 고친다면 누구든지 웅얼거리거나 앵앵거리지 않고 정확한 발음을 구사할 수 있다.

1) 조음기관 훈련법

■ 혀 운동

- 혀를 입 밖으로 길게 뺐다가 집어넣는 운동을 반복하여 혀의 활동성과 부드러움을 유지한다.
- 혀를 10초 이상 쭉 내민다.
- 혀로 입안 구석구석 훑어준다.
- '아라라라라'발음과 '오로로로로'발음을 번갈아 하며 혀를 굴린다.
- '똑딱똑딱'발음을 하며 혀를 풀어준다.

■ **턱운동**

- 아래턱을 상하 좌우로 움직인다.
- 하품을 하듯 입을 크게 벌리면서 턱의 활동성과 부드러움을 유지한다.
- 10초 정도 입을 벌리고 유지한다.

■ **입술 운동**

- 입술을 앞으로 내밀었다가 옆으로 잡아당긴다.
- 입술을 앞으로 내밀어 '삐뽀삐뽀' 발음을 빠르게 반복하며 입술 근육을 풀어 준다.

2) 발음연습

한국어는 모음 21개와 자음 19개 총 40개의 음으로 구성되어 있다. 모음을 정확히 발음하기 위해서는 입 모양이 중요하며, 자음은 혀의 움직임이 중요하다. 입을 크게 벌리고 복식호흡을 하며 모음을 하나씩 소리 내어 읽어보자. 또한 자음에 모음을 붙여(가, 갸, 거, 겨...) 하나씩 소리 내어 읽어 보고 받침을 다양하게 넣어서도(갈, 걀, 걸, 결) 연습해보자.

■ **발음연습 1**

아	자연스럽게 아래턱을 내려 입을 벌리고, 숨을 내쉬면서 '아~' 하고 길게 발음한다.
애	'아' 발음에서 아래턱을 살짝 다물고 혀끝은 아랫니 안쪽에 붙이며 '애~' 하고 발음한다.
어	'아' 발음보다 위턱을 더 벌리고 아래턱을 약간 벌린다. 혀끝은 아래 앞니 뒤쪽으로 붙이고 발음한다.
에	'이' 발음보다 입술을 위아래로 약간만 더 벌리고 입 속을 넓게 만든다는 느낌으로 발음한다.
오	위아래 입술을 작은 동그라미 모양으로 둥글게 만들고 혀는 약간 아래로 내리고 발음한다. 입모양에 신경쓰느라 입술과 혀에 불필요한 힘이 들어가지 않게 한다.
외	'외'는 단모음으로 발음한다. 발음하는 요령은 '우에'를 한 번에 발음하면 되는데 '오' 모음의 입모

	양에 '아'의 구강 구조를 갖추면 좋다.
우	입술을 '뽀뽀하는 모습처럼' 둥글게 앞으로 빼고 입술 양쪽에 힘을 빼고 발음한다.
위	'위'는 중모음으로, '우' + '이'가 느껴지도록 발음한다.
으	입천장을 살짝 들고 '우' 모음을 내듯이 둥근 소리를 만들되 포인트를 약간 입술 안쪽으로 잡으면서 비강 공명을 사용하는 것이 중요하다.
이	입술과 이를 양옆으로 잡아당기고 혀끝은 아랫니 안쪽에 붙이고 '이~'로 발음한다.

■ 발음연습 2

자음 \ 모음	ㅏ	ㅑ	ㅓ	ㅕ	ㅗ	ㅛ	ㅜ	ㅠ	ㅡ	ㅣ
ㄱ	가	갸	거	겨	고	교	구	규	그	기
ㄴ	나	냐	너	녀	노	뇨	누	뉴	느	니
ㄷ	다	댜	더	뎌	도	됴	두	듀	드	니
ㄹ	라	랴	러	려	로	료	루	류	르	리
ㅁ	마	먀	머	며	모	묘	무	뮤	므	미
ㅂ	바	뱌	버	벼	보	뵤	부	뷰	브	비
ㅅ	사	샤	서	셔	소	쇼	수	슈	스	시
ㅇ	아	야	어	여	오	요	우	유	으	이
ㅈ	자	쟈	저	져	조	죠	주	쥬	즈	지
ㅊ	차	챠	처	쳐	초	쵸	추	츄	츠	치
ㅋ	카	캬	커	켜	코	쿄	쿠	큐	크	키
ㅌ	타	탸	터	텨	토	툐	투	튜	트	티
ㅍ	파	퍄	퍼	펴	포	표	푸	퓨	프	피
ㅎ	하	햐	허	혀	호	효	후	휴	흐	히

기본 발음연습을 할 때에는 고개를 끄덕이지 말고 아래턱만을 내려 움직이며 입 모양은 최대한 크게 벌려서 소리를 내는 것이 좋다. 기본 발음연습이 끝나면 짧은 문장을 가지고 연습해보자.

■ 발음연습 3

① 간장공장 공장장은 강 공장장이고, 된장공장 공장장은 공 공장장이다.

② 한영양장점 옆 한양양장점, 한양양장점 옆 한영양장점

③ 저기 저 말뚝은 말 맬 말뚝인가, 말 못 맬 말뚝인가

④ 저기 있는 저 분은 박 법학박사이고, 여기 있는 이 분은 백법학박사이다.

⑤ 신진 샹숑가수의 신춘 샹숑쇼우

⑥ 내가 그린 구름 그림은 잘 그린 구름 그림이고 네가 그린 구름 그림은 잘못 그린 구름 그림이다.

⑦ 경찰청 창문 쇠 철창살은 녹슨 쇠 철창살인가 녹 안 슨 쇠 철창살인가

⑧ 상표 붙인 큰 깡통은 깐 깡통인가? 안 깐 깡통인가?

⑨ 들의 콩깍지는 깐 콩깍지인가 안 깐 콩깍지인가. 깐 콩깍지면 어떻고 안 깐 콩깍지면 어떠냐. 깐 콩깍지나 안 깐 콩깍지나 콩깍지는 다 콩깍지인데

⑩ 양양군 양양면 양양리 양영 양화점 주인은 양영옥 양이고 양양군 양양면 양양리 양영양화점 주인은 양영훈군이다.

⑪ 안양역 앞 약공장은 안약 약공장이고 양양역 앞 약국 옆 한약방은 양양 한약방이다.

⑫ 안촉촉한 초코칩 나라에 살던 안촉촉한 초코칩이 촉촉한 초코칩 나라의 촉촉한 초코칩을 보고 촉촉한 초코칩이 되고 싶어서 촉촉한 초코칩 나라에 갔는데 촉촉한 초코칩 나라의 문지기가'넌 촉촉한 초코칩이 아니고 안촉촉한 초코칩이니까 안촉촉한 초코칩나라에서 살아'라고 해서 안촉촉한 초코칩은 촉촉한 초코칩이 되는 것을 포기하고 안촉촉한 초코칩 나라로 돌아갔다.

■ 발음연습 4

안정적인 직업을 선:호하는 추세가 뚜렷하게 나타나면서 인기 있는 직업과 연봉의
[뚜려타게]

상관관계가 높지 않다는 조사 결과가 나왔습니다.
[상관관게] [놉찌안타는]

한 연봉정보 업체가 자사 홈페이지를 방:문한 직장인 2:천2:백 명을 대:상으로
[직짱인] [이:처니:뱅명]

설문 조사하나 결과 응:답자 가운데 15%가 가장 매력적인 직업으로 교:사와
[매력쩌긴]

교:수를 꼽았습니다.

이어 공무원과 금융전문가, IT컨설턴트, 방:송, 연:예인 등이 인기 직업으로
[금늉]

선:택됐습니다.

하지만 업체가 노동부 자료와 자체 연봉정보를 조사한 결과, 연봉은 인기직업

7위로 꼽힌 의:사 직군 가운데 치과 의사가 9천백만 원으로 가장 높았고,
[노팓꼬]

인기직업 1위인 교:사의 연봉은 3천2:백만원에 그쳤습니다.
(49초, 아나운서 홍소연)

(출처: KBS아나운서와 함께 배우는 한국어 표준 발음 바르게 읽기, 한국방송출판, 2008.)

■ 발음 연습 5

올림픽대로 상황입니다. 역시 공사로 사정이 좋지 못합니다.
[올림픽대:로] [역씨] [사:정이 조:치 모탑니다]

동호대교 남단 올림대로에서 있었던 CCTV 설치 공사는 이제 모두 끝났습니다.
[동호대:교] [모:두 끈나씀니다]

하지만 올림픽대로 동작대교 남단에서 하고 있던 통신 공사는 지금도 공항 쪽으로
[동작대:교] [읻떤]

진행중이니까, 오늘 5시는 넘어야 끝날 상황이니 참고하시기 바랍니다.
[진:행]

공사는 없지만 서울역에서 삼각지 쪽으로 숙대역 입구부터 차들이 늘어서 있고요
[업:지만] [삼각찌]

퇴계로는 양방향이 모두 어렵습니다.
[양:방향] [모:두]

그리고 청계천 고가도로의 정체는 한 시간 전과 마찬가지로 시내 쪽으로 밀리고 있고요
[고가도:로] [시:내]

청계천로는 6가 부근이 어렵습니다. 교통정보센터에서 000이었습니다.
[청계천노]

(57분 교통정보, 교통캐스터)

쉬어가기

■ 진에어의 유머러스한 기내방송

"기내에서의 흡연은 엄격히 금지되어 있습니다. 그럼에도 불구하고 흡연을 원하시는 분께서는 항공기 밖에서만 가능함을 알려드립니다. 다만 진에어에서는 낙하산을 제공해드리지 않는다는 점을 참고해 주시기 바랍니다."

"오늘 비행 중 기상은 좋을 것으로 예보되었으나 기류의 영향으로 비행기가 조금 놀라 부르르 떨 수도 있습니다", "지름길을 이용하여 목적지에 빨리 도착할 수 있도록 노력하겠습니다"

"선반을 여실 때는 잠깐! 선반 안 물건이 머리 위로 떨어질 수 있으니 헬멧을 착용하지 않으셨다면 짐을 살~살 꺼내주십시오."

"지금부터 진에어의 두근두근 설레는 쇼핑이 시작될 예정입니다. 부모님 또는 남친, 여친의 선물을 잊으신 분들은 지금이 기회! 구입을 원하시는 분은 판매카트가 지나갈 때 손은 번~쩍! 들어 딜라이트한 진에어의 쇼핑을 한껏 누려보시기 바랍니다."

국내 저비용항공사(LCC) 진에어는 비행기 안의 분위기를 부드럽게 하고 여행을 떠나는 승객들에게 더욱 친근한 이미지를 심어주자는 취지에서 운항승무원과 객실승무원의 기내방송을 보다 자유롭고 위트있는 스타일로 바꿔 변화를 시도했다.

특이한 기내방송으로 승객들에게 즐거움을 주는 것은 최근 글로벌 항공업계의 흐름이다.

진에어의 '재미있는' 기내방송은 미국 저비용항공사인 사우스웨스트 항공을 벤치마킹한 것으로 1967년 설립된 사우스웨스트 항공은 "이 항공기는 현재 라스베이거스 위를 날고 있습니다. 참고로 라스베이거스에서 돈을 딸 확률은 이 비행기에서 떨어져서 살아날 확률보다 낮다고 합니다." 등과 같은 재미있는 기내방송 멘트로 비행 내내 승객들을 유쾌하게 만드는 것으로 유명하다,

- 자료 참고 : 경향신문, 2014.02.21 -

CHAPTER 4

기내방송을 위한 기본 정보

CHAPTER

4 기내방송을 위한 기본 정보

학 / 습 / 목 / 표

1. 운송 서비스 규정에 따라 방송에 필요한 국가별 항공기 코드를 익힌다.
2. 운송 서비스 규정에 따라 방송에 필요한 국가별 도시와 공항 명을 익힌다.
3. 그리니치 평균시(GMT)에 따라 도착지 시차를 계산할 수 있는 능력을 익힌다.

항공 관련 대표적인 국제기구로는 IATA(국제항공운송협회)와 ICAO(국제민간항공기구)가 있다.

IATA(International Air Transport Association, 국제항공운송협회)는 항공사들의 안전하고 경제적인 항공 운송 및 우호 증진, 항공 운송의 발전을 목적으로 하는 단체로 항공운임(여객, 화물)의 합의 및 결정, 항공사 간의 운임정산 등의 임무를 행하는 국제적인 무역기구이며, ICAO(International Civil Aviation Organization, 국제민간항공기구)는 국제 민간항공의 안전 유지, 항공기술의 향상, 항공로와 항공시설의 발달 및 촉진 등을 목적으로 하는 단체로 국제항공운송에 필요한 원칙과 기술 및 안전에 대해 연구하는 UN산하의 전문기구이다.

전 세계 모든 항공사들은 IATA와 ICAO에서 항공기 운항스케줄 관리 및 전산처리와 관제 시 사용되는 CODE(항공사와 공항 명을 약자로 구성)를 부여받게 되는데 두 기구의 CODE는 구성방식이나 조합방법이 상이하나 편의성의 이유로 현재 항공사코드와 공항코드는 주로 IATA의 CODE를 사용한다.

IATA	ICAO
(International Air Transport Association)	(International Civil Aviation Organization)
國際航空運送協會	國際民間航空機構
국제항공운송협회	국제민간항공기구

1. 국가별 항공기 코드

IATA(International Air Transport Association)에서 부여하는 항공사 코드(AIRLINE CODE)는 알파벳이나 숫자 2음절(2 LETTERS)로 구성되어 있고 항공 예약 및 발권, 항공사 노선 스케줄 등에 주로 사용되며, 이 2 LETTER CODE 뒤에 편명이 붙게 된다.

1980년 이후 전 세계 항공사 수가 급격하게 증가하면서 일부 항공사들에게 IATA CODE가 중복되는 경우가 발생하자, 1985년 ICAO(International Civil Aviation Organization)에서는 알파벳 3음절(3 LETTERS)로 구성된 새로운 항공사 코드(AIRLINE CODE)를 고안한다. 3음절(3 LETTERS)로 구성된 ICAO CODE는

IATA CODE에 비해 중복될 가능성이 낮으나 기존 IATA코드보다 늦게 고안되었을 뿐만 아니라 편의성도 떨어져 IATA코드보다는 많이 사용되지 않고 있다.

국가명	항공사명		IATA	ICAO
Republic of Korea		Korean Air	KE	KAL
		Asiana Airlines	OZ	AAR
		Jin Air	LJ	JNA
		Air Busan	BX	ABL
		Jeju Air	7C	JJA
		Eastar Jet	ZE	ESR
		T'way Air	TW	TWB
		Air Seoul	RS	ASV
China		Air China	CA	CCA
		China Eastern Airlines	MU	CES
		China Southern Airlines	CZ	CSN
		Shanghai Airlines	FM	CSH
		Grand China Air Co., Ltd.(GCA)	CN	GDC
		Shenzhen Airlines	ZH	CSZ
		Shandong Airlines	SC	CDG

	厦门航空 XIAMENAIR	Xiamen Airlines	MF	CXA
	海南航空 HAINAN AIRLINES	Hainan Airlines	HU	CHH
	JUNEYAO AIRLINES 吉祥航空	Juneyao Airlines	HO	DKH
	首都航空 Capital Airlines	Beijing Capital Airlines	JD	CBJ
Japan	ANA ANA WINGS CO.,LTD.	ANA Wings Co., Ltd.	EH	AKX
	peach	Air Peach	MM	APJ
	JTA 日本トランスオーシャン航空	Japan Transocean Air	NU	JTA
	Air Japan 株式会社エアージャパン	Air Japan Co., Ltd.	NQ	AJX
	ANA Inspiration of JAPAN	All Nippon Airways	NH	ANA
	JAL JAPAN AIRLINES	Japan Airlines	JL	JAL
Australia	tigerair go for it.	Tiger Airways Australia	TT	TGG
	QANTAS	Qantas Airways Limited	QF	QFA
	Jetstar	Jetstar Airways	JQ	JST
	Virgin australia	Virgin Australia Airlines	VA	VOZ
Austria	Austrian	Austrian Airlines	OS	AUA
Belgium	brussels airlines	Brussele Airlines	SN	BEL

Bhutan	BHUTAN AIRLINES	Bhutan Airlines	B3	BTN
Brunei	ROYAL BRUNEI AIRLINES	Royal Brunei Airlines	BI	RBA
Bulgaria	VIA AIR	Air Via	VL	VIM
	Bulgaria Air	Bulgaria Air	FB	LZB
Cambodia	TONLESAP AIRLINES	TonleSap Airlines	K9	TSP
Canada	AIR CANADA	Air Canada	AC	ACA
Czech Republic	CSA CZECH AIRLINES	Czech Airlines	OK	CSA
Egypt	EGYPTAIR	Egypt Air	MS	MSR
Fiji	FIJI AIRWAYS	Fiji Airways	FJ	FJI
Finland	FINNAIR	Finnair	AY	FIN
France	AIRFRANCE	Air France	AF	AFR
Germany	Lufthansa	Lufthansa	LH	DLH
Greece	sky express	Sky Express S.A.	GQ	SEH
	AEGEAN	Aegean Airlines	A3	AEE
Hong Kong	HK express	HK Express	UO	HKE
	AIRHONGKONG 香港華民航空	Air Hong Kong	LD	AHK

		Cathay Dragon	KA	HDA
		Cathay Pacific	CX	CPA
Iceland		Icelandair	FI	ICE
India		Indian Airlines Corporation	IC	IAC
		Air India	AI	AIC
		Jet Airways Lts	9W	JAI
Indonesia		Indonesia AirAsia	QZ	AWQ
		Garuda Indonesia Airways	GA	GIA
Ireland		Ryanair	FR	RYR
		Aer Lingus	EI	EIN
Italy		Alitalia Airlines	AZ	AZA
Macao		Air Macau	NX	AMU
Malaysia		Malaysian Airlines	MH	MAS
		Berjaya Air	J8	BVT
		Air Asia	AK	AXM
		Airasia X	D7	XAX

Country	Logo	Airline	Code	ICAO
Maldives		Maldivian	Q2	DQA
Mexico		Aeromexico	AM	AMX
Mongolia		Mongolian Airlines	OM	MGL
		Aero Mongolia	M0	MNG
Nepal		Nepal Airlines	RA	RNA
Netherlands		KLM cityhopper	WA	KLC
		KLM Royal Dutch Airlines	KL	KLM
New Zealand		Air New Zealand	NZ	ANZ
		Aircalin	SB	ACI
		Air Caledonie	TY	TPC
Philippines		Philippine Air Lines	PR	PAL
		CEBU pacific Air	5J	CEB
		PAL Express	2P	GAP
Russia		Aeroflot - Plus J.S.C.	P3	PLS
		Aeroflot	SU	AFL
Singapore		Singapore Airlines Limited	SQ	SIA
		Singapore Airlines Cargo Pte Ltd.	SQ	SQC
Spain		Air Europa	UX	AEA
Sri Lanka		Srilankan Airlines	UL	ALK

Sweden		Scandinavian Airlines System	SK	SAS
Switzerland		Swiss International Air Lines	LX	SWR
Taiwan		China Airlines	CI	CAL
		EVA Airways Co.	BR	EVA
		Mandarin Airlines Ltd.	AE	MDA
		Far Eastern Air Transport	EF	FEA
Thailand		Thai Airways International Ltd.	TG	THA
		Bangkok Airways	PG	BKP
		Sky Eyes Co., Ltd	I6	SEQ
		Thai Air Asia Co., Ltd	FD	AIQ
		Thai Star Airlines Co., Ltd	T9	TSX
Thailand		Thai Vietjet Air	VZ	TVJ
		Thai Lion Air	SL	TLM
		NokScoot Airlines	XW	NCT
		Thai AirAsia X	XJ	TAX
Turkey		MNG Airlines Cargo	MB	MNB

Turkmenistan	Turkmenistan Airlines	Turkmenistan Airlines	T5	TUA
United States	UNITED	Unites Airlines	UA	UAL
	American Airlines	American Airlines	AA	AAL
	DELTA	Delta Air Lines	DL	DAL
	Southwest	Southwest Airlines	WN	SWA
Viet Nam	vietjetAir	Vietjet Air	VJ	VJC
	Vietnam Airlines	Vietnam Airlines	VN	HVN
	Jetstar Pacific	Jetstar Pacific	BL	PIC

2. 국가별 공항코드

1) IATA 공항코드

IATA(International Air Transport Association)에서 부여하는 공항코드(AIRPORT CODE)는 알파벳 3음절(3 LETTERS)로 구성되어 있으며, 항공기 객실승무원 및 예약, 발권 등의 업무를 수행하는 공항 지상직원들이 주로 사용한다.

2) ICAO 공항코드

ICAO(International Civil Aviation Organization)에서 부여하는 공항코드(AIRPORT CODE)는 알파벳 4음절(4 LETTERS)로 구성되어 있으며, 첫 번째 글자는 전 세계에서 해당 국가가 위치한 지역(지정된 지역별 코드)을 가리키고 두 번째 글자는 국가(각 국가에 부여된 코드)를 나타낸다. 세 번째 글자는 그 국가 내에서의 세부적인 지방을 가리키며, 마지막 네 번째 글자는 각각의 공항(공항 심벌 코드)을 나타낸다. 때문에 ICAO에서 지정한 CODE를 보면 세계의 어떤 지역, 어떤 국가, 어떤 지방, 어떤 공항인지 파악할 수 있다.

ICAO에서 지정한 공항코드는 일반적으로 항공기 조종사나 관제 업무를 담당하는 직원들이 주로 사용한다.

국가명	도시명	공항명	IATA	ICAO
Republic of Korea	Seoul/Incheon	Incheon International Airport	ICN	RKSI
	Seoul	Gimpo International Airport	GMP	RKSS
	Busan	Gimhae International Airport	PUS	RKPK
	Jeju	Jeju International Airport	CJU	RKPC
	Daegu	Daegu International Airport	TAE	RKTN
	Cheonju	Cheonju International Airport	CJJ	RKTU
	Gwangju	Gwangju Airport	KWJ	RKJJ
	Muan	Muan International Airport	MWX	RKJB
	Yangyang/Wonju	Yangyang International Airport	YNY	RKNY
	Ulsan	Ulsan Airport	USN	RKPU
	Sacheon	Sacheon Airport	HIN	RKPS
	Pohang	Pohang Airport	KPO	RKTH
	Gunsan	Gunsan Airport	KUV	RKJK
	Yeosu	Yeosu Airport	RSU	RKJY
	Wonju	Wonju Airport	WJU	RKNW
China	Beijing	Beijing Capital Airport	PEK	ZBAA
	Shanghai	Hongqiao Airport	SHA	ZSSS
	Shanghai	Pu Dong Airport	PVG	ZSPD
	Kunming	Kunming Changshui International Airport	KMG	ZPPP
	Qingdao	Qingdao Liuting International Airport	TAO	ZSQD
	Sanya	Sanya Phonix International Airport	SYX	ZGSY
	Shenzhen	Shenzhen Bao'an International Airport	SZX	ZGSZ
	Tianjin	Tianjian Binhai International Airport	TSN	ZBTJ
	Wuhan	Wuhan Tianhe Airport	WUH	ZHHH

Japan	Aguni	Aguni Airport	AGJ	RORA
	Akita	Akita Airport	AXT	RJSK
	Amakusa	Amakusa Airport		RJDA
	Amami Osaima	Amami Airport	ASJ	RJKA
	Aomori	Aomori Airport	AOJ	RJSA
	Asahikawa	Asahikawa Airport	AKJ	RJEC
	Chitose	Chitose Air Base		RJCJ
	Sapporo	Chitose Airport	CTS	RJCC
	Nagoya	Chubu Centrair International Airport	NGO	RJGG
	Fukuoka	Fukuoka Airport	FUK	RJFF
	Tokyo	Tokyo International Airport (Haneda Airport)	HKD	RJTT
	Osaka	Kansai International Airport	KIX	RJBB
	Nagoya	Komaki Airport	NKM	RJNA
	Okinawa	Naha Airport	OKA	ROAH
	Tokyo	Narita Airport	NRT	RJAA
	Niigata	Niigata Airport	KIJ	RJSN
	Sapporo	Okadama Airport	OKD	RJCO
Australia	Sydney	Kingsford Smith Airport (Sydney International)	SYD	YSSY
	Melbourne	Tullamarine Airport (Melbourne International)	MEL	YMML
Austria	Vienna	Vienna International Airport	VIE	LOWW
Belgium	Antwerp, Brussels	Antwerpen International Airport (Deurne)(Antwerp-Bressels North)	ANR	EBAW
Cambodia	Siem Reap	Angkor International Airport	REP	VDSR
	Phnom Penh	Pochentong Airport	PNH	VDPP

Canada	Calgary	Calgary International Airport	YYC	CYYC
	Toronto	Toronto Lester B. Pearson International Airport	YYZ	CYYZ
	Vancouver	Vancouver International Airport	YVR	CYVR
Czech Republic	Prague	Ruzyne Airport	PRG	LKPR
Fiji	Nadi	Nadi International Airport	NAN	NFFN
France	Paris	Charle De Gaulle International Airport	CDG	LFPG
Germany	Frankfurt	Frankfurt International Airport (Rhein Main)	FRA	EDDF
Greece	Athens / Sparta	Eleftherios Venizelos International Airport	ATH	LGAV
Guam	Agana(Hagata)	Antonio Borja Won Pat International Airport (A.B. Won Pat International)	GUM	PGUM
Hong Kong	Hong Kong	Hong Kong International Airport (Chek Lap Kok)	HKG	VHHH
India	Hyderabad	Rajiv Gandhi International Airport (Hyderabad International Airport) (Begumpet Airport)	HYD	VOHS
	Kozhikode (Calicut)	Calicut International Airport (Karipur)	CCJ	VOCL
	Chennai/Madras	Chennai International Airport	MAA	VOMM
	Mumbai	Chhatrapati Shivaji International Airport	BOM	VABB
	Delhi	Indira Gandhi International Airport	DEL	VIDP
	Thiruvanantha Puram	Thiruvananthapuram International Airport	TRV	VOTV
	Bangalore	Bangaluru International Airport	BLR	VOBL

Indonesia	Solo City	Adisumarmo International Airport	SOC	WARQ
	Padang	Minangkabau International Airport	PDG	WIPT
	Denpasar Bali	Ngurah Rai Airport	DPS	WADD
	Jakarta	Soekarno-Hatta International Airport	CGK	WIII
Italy	Rome	Fiumicino Airport (Leonardo Da Vinci International)	FCO	LIRF
Kazakhstan	Astana	Astana International Airport	TSE	UACC
Laos	Luang Prabang	Luang Prabang International Airport	LPQ	VLLB
	Vientiane (Viangchan)	Wattay International Airport	VTE	VLVT
Macao	Macao	Macao International Airport	MFM	VMMC
Malaysia	Kuala Lumpur	Kuala Lumpur International Airport	KUL	WMKK
	Kota Kinabalu	Kota Kinabalu International Airport	BKI	WBKK
	Penang	Penang International Airport	PEN	WMKP
	Johor Bahru	Sultan Ismail International Airport	JHB	WMKJ
Maldives	Male	Male International Airport	MLE	VRMM
	Gan Island / Seenu Atoll	Gan International Airport (Seenu Airport)	GAN	VRMG
Netherlands	Amsterdam	Schiphol Airport	AMS	EHAM
New Caledonia	Noumea	La Tontouta International Airport	NOU	NWWW

New Zealand	Auckland	Auckland International Airport	AKL	NZAA
	Christchurch	Christchurch International Airport	CHC	NZCH
	Queenstown	Frankton Airport	ZQN	NZQN
	Hamilton	Hamilton International Airport	HLZ	NZHN
Philippines	Cebu	Mactan International Airport	CEB	RPVM
	Manila	Ninoy Aquino International Airport	MNL	RPLL
Russia	Moscow	Sheremetyevo International Airport	SVO	UUEE
	Vladivostok	Vladivostok International Airport	VVO	UHWW
Singapore	Singapore	Changi Airport	SIN	WSSS
Spain	Madrid	Madrid Barajas Airport	MAD	LEMD
	Barcelona	Barcelona International Airport	BCN	LEBL
Switzerland	Geneva	Geneva International Airport (formerly Geneva-Cointrain Airport)	GVA	LSGG
	Zurich	Zurich International Airport	ZRH	LSZH
Taiwan	Taipei	Taiwan Taoyuan International Airport (formerly Chiang Kai-Shek International)	TPE	RCTP
Thailand	Chiang Mai	Chiang Mai International Airport	CNX	VTCC
	Bangkok	Don Mueang International	DMK	VTBD
	Bangkok	Suvarnabhumi International Airport (New Bangkok International)	HKT	VTSP
	Phuket	Phuket International Airport	BKK	VTBS
Turkey	Istanbul	Sabiha Gokcen International Airport	SAW	LTFJ
United Kingdom	London	Heathrow Airport	LHR	EGLL

United States	Dallas Fort Worth	Dallas Fort Worth International Airport	DFW	KDFW
	Atlanta	Hartsfield-jackson Atlanta International Airport	ATL	KATL
	New York	John F Kennedy International Airport	JFK	KJFK
	New York	La Guardia International Airport	LGA	KLGA
	Boston	Logan International Airport	BOS	KBOS
	Los Angeles	Los Angeles International Airport	LAX	KLAX
	Las Vegas	Mccarran International Airport	LAS	KLAS
	Miami	Miami International Airport	MIA	KMIA
	Chicago	O'Hare International Airport	ORD	KORD
	San Francisco San Mateo County	San Francisco International Airport	SFO	KSFO
	Washington DC	Washington Dulles International Airport	IAD	KIAD
Viet Nam	Hanoi	Noi bai International Airport	HAN	VVNB
	Ho Chi Minh City	Tan Son Nhat Airport	SGN	VVTS
	Da Nang	Da Nang International Airport	DAD	VVDN

3. 그리니치 평균시와 시차

1) 그리니치 평균시(G.M.T)

G.M.T(Greenwich Mean Time)는 영국의 그리니치 천문대를 지나가는 본초 자오선을 기준으로 한 세계표준시를 말하며, 이는 항공기 운항이나 관제 시 통상적으로 사용된다.

2) 시차

그리니치 천문대를 기준(경도 "0")으로 각 지역의 표준시가 결정되는데, 세계시(그리니치 평균시)와 특정 지역의 표준시 사이의 차이 또는 각 지역의 표준시 사이의 차이를 '시차'라 한다. '시차'가 생기는 이유는 경도의 차이 때문이며, 지구는 360°가 24시간으로 나뉘기 때문에 경도 15°마다 1시간의 차이가 나게 되는데 영국의 그리니치보다 동쪽에 위치한 지역의 시차는 "+"가 되고 서쪽에 위치한 지역의 시차는 "−"가 된다. 한국은 동경 135°를 표준 경선으로 사용하기 때문에 본초자오선, 즉 세계시의 기준이 되는 영국보다 9시간 빠르므로 시차는 "GMT +9"가 된다.

(1) 시차계산

A지역과 B지역 간의 시차를 계산하려면 두 지역의 GMT를 알아야 하며, 두 지역 GMT의 합이 두 지역 간의 시차가 된다.

시차가 12시간 이상 날 경우 낮과 밤이 바뀌게 되며, A지역과 B지역의 GMT의 합에서 12를 뺀 숫자를 A지역 시간을 기준으로 더하거나(+ 시간대) 빼면(− 시간대) B지역의 현지 시간을 알 수 있다.

(2) 비행시간 계산

항공편의 시간은 출발지와 도착지의 현지 시간으로 표시되므로 출·도착 시간을 모두 그리니치 평균시(GMT)로 환산한 후 도착지 GMT에서 출발지 GMT를 빼면 비행에 소요되는 시간이 나온다.

또는 시차로 도착지의 현재 시간을 계산한 후 도착시간에서 현재 시간을 빼는 방법도 있다.

출발지		도착지	
인천 (GMT +9)	2월 7일 오전 10시	뉴욕 (GMT −5)	2월 7일 오전 11시

인천은 동경 135°로 세계시(그리니치 평균시)보다 9시간 빠르고 뉴욕은 서경 75°로 5시간 느리다.

9+5=14, 즉 인천과 뉴욕 간의 시차는 14시간이며, 동경인 인천이 14시간 빠르다. 또한 시차가 12시간 이상이기 때문에 낮과 밤이 바뀌게 된다.

인천이 현재 2월 7일 오전 10시라면, 현재 뉴욕은 14시간 전인 2월 6일 오후 8시가 되므로 도착시간과의 차이는 15시간, 즉 비행시간은 15시간이 된다.

쉬어가기

■ 제주항공의 순우리말 기내방송

국내 LCC항공의 대표주자인 제주항공은 한글날을 맞아 순우리말 기내방송 등 우리말 바로 쓰기 행사를 진행했다. 제주항공은 제571회 한글날을 맞아 국립국어원의 도움을 받아 수정한 순우리말 기내방송을 약 한 달간 실시했다.

고객센터, 공항, 객실 등에서 승객과 대화할 때 사물존칭 등 바르지 않은 높임말과 문법 오류, 불필요한 말 등 항공사 승무원이 고객에게 의례적으로 하는 말이 대상이었는데 예를 들면 '커피가 뜨거우시니 조심하십시오.'는 '뜨거우니 조심하십시오.', '등받이 올리실게요'는 '등받이 올려주세요', '5분 정도 걸리십니다.'는 '5분 정도 걸립니다.'로 바꿨다.

'출발일이 언제십니까?'는 '언제 출발하십니까?'로 바로잡는 등 주어와 서술어의 의미상 호응이 이루어지지 않거나 다듬어지지 않은 표현을 문법에 맞게 다듬었다. 또한 제주항공 기내에서는 물론 일상생활에서 자주 쓰는 표현 가운데 하나인 '좋은 하루 되세요.'는 '좋은 하루를 보내세요.'로 수정하고, '즐거운 여행 되세요.'는 '즐겁게 여행하세요.'로, '행복한 하루 되시기를'은 '행복한 하루 보내시기를'로 바꿨다. 아울러 '전자기기의 사용이 가능합니다.'를 '전자기기를 사용할 수 있습니다.'로 수정하고, '이 · 착륙하는 비행기가 많아'는 '뜨고 내리는 비행기가 많아'로 고치는 등 주어와 서술어의 의미상 호응이 이뤄지지 않는 표현들을 문법에 맞게 수정하도록 지시했다. 또한 불필요한 형용사나 부사의 사용도 줄이거나 바른 표현으로 수정했다.

'여러분들의 넓은 양해를 부탁드립니다.'는 '넓은'을 삭제하거나 '너른'이라는 표현을 쓰도록 했으며, '여러분을 더욱 안전하게 모시겠습니다.'는 '더욱'을 빼 간결하게 문장을 다듬었다. 제주항공 관계자는 "2008년부터 한글날을 전후해 우리말 기내방송을 하는 동안 단순한 이벤트로 그치는 것이 아닌 근본적으로 우리말을 바르게 쓰고 있는지 살펴보고자 했다."고 말했다.

이는 승객들에게 정확하게 정보를 전달하고, 문장구조가 잘못된 사례를 수정함으로써 우리말을 바르게 사용하자는 취지에서 시행된 것이다.

- 자료 참고 : 이데일리, 2017.10.09 -

CHAPTER

5

한국어 기내방송

CHAPTER 5

한국어 기내방송

학 / 습 / 목 / 표

1. 객실서비스 규정에 따라 한국어 방송에 적합한 표현 기법을 익힌다.
2. 전달력 있게 상황별 한국어 기내방송을 실행한다.

1. 한국어 기내방송 기법

'풀'과 '절'이 다른 뜻을 지닌 말이 되는 까닭은 무엇일까?

그것은 'ㅜ'와 'ㅓ' 소리가 다르고 'ㅍ'와 'ㅈ' 소리가 다르기 때문이다. 이렇게 말의 뜻을 구별해 주는 소리의 가장 작은 단위를 '음운'이라 하며 음운은 'ㅜ, ㅓ' 같은 모음과 'ㅂ, ㅍ' 같은 자음으로 구성된다.

그럼 지금부터 모음과 자음에 대해서 자세히 알아보도록 하자.

1) 모음

모음이란 허파에서 나오는 공기의 흐름이 목 안이나 입안에서 막히지 않고 나오는 소리이다. 즉 모음은 자음이 없어도 소리를 낼 수 있다는 뜻이다.

한글의 모음에는 어떤 종류가 있을까?

한글에서 모음은 크게 단모음과 이중모음으로 나뉘며, 단모음은 소리 낼 때 입술이나 혀가 움직이지 않는 모음을 말한다.

즉 'ㅏ, ㅐ, ㅓ, ㅔ, ㅗ, ㅚ, ㅜ, ㅟ, ㅡ, ㅣ'가 여기에 속한다.

이중모음은 소리 낼 때 입술이나 혀가 움직이는 모음을 말하는데 예를 들어, 'ㅑ'는 'ㅣ'로 시작해서 'ㅏ'로 끝나는 이중모음이다. 한글에서 이중모음은 'ㅑ, ㅒ, ㅕ, ㅖ, ㅘ, ㅙ, ㅛ, ㅝ, ㅞ, ㅠ, ㅢ'가 있다.

모음	ㅏ	ㅐ	ㅓ	ㅔ	ㅗ	ㅚ	ㅜ	ㅟ	ㅡ	ㅣ	
	아	애	어	에	오	외	우	위	으	이	
이중모음	ㅑ	ㅒ	ㅕ	ㅖ	ㅘ	ㅙ	ㅛ	ㅝ	ㅞ	ㅠ	ㅢ
	야	얘	여	예	와	왜	요	워	웨	유	의

(1) 단모음

단모음은 입술 모양, 혀의 위치, 혀의 높이에 따라 분류된다.

우선, 모음은 입술 모양에 따라 원순모음과 평순모음으로 나뉘는데, '원순'이란 '둥근 입술'이라는 뜻으로 입술 모양을 둥글게 하여 소리 내는 모음들로 'ㅟ, ㅚ, ㅜ, ㅗ'가 이에 해당된다.

'평순'이란, '평평한 입술'이라는 뜻으로, 입술 모양을 평평하게 하여 소리 내는 모음들을 말하며, 그 예로는 'ㅣ, ㅔ, ㅐ, ㅡ, ㅓ, ㅏ'가 있다.

다음으로 혀의 최고점 위치에 따라 구분할 경우 한글의 모음은 전설모음과 후설모음으로 나뉜다.

'전설'이란 '앞에 있는 혀'라는 뜻으로서 입천장의 가운뎃점을 기준으로 혀의 최고점이 앞쪽에 있을 때 소리 나는 모음들로서 'ㅣ, ㅟ, ㅔ, ㅚ, ㅐ'를 말한다. 또한 '후설'이란 '뒤에 있는 혀'라는 뜻으로서 혀의 최고점이 뒤쪽에 있을 때 소리 나는 모음들이며 'ㅡ, ㅓ, ㅏ, ㅜ, ㅗ'가 이에 해당된다.

혀의 높이에 따라서도 '고모음', '중모음', '저모음'으로 나뉘는데 '고모음'은 입이 조금 열려서 혀의 높이가 높은 모음을 말하며 'ㅣ, ㅜ'가 이에 해당된다. '중모음'은 입이 더 열려서 혀의 높이가 중간인 모음을 말하며 'ㅔ, ㅚ, ㅓ, ㅗ'가 있다. '저모음'은 입이 더 크게 열려서 혀의 높이가 낮은 모음을 말하며, 'ㅐ, ㅏ'가 이에 해당되는데, 특히 'ㅏ'가 가장 낮은 '저모음'으로 발음된다.

(2) 이중모음

이중모음은 소리 낼 때 입술이나 혀가 움직이는 모음을 말하는데 '반모음 + 단모음'의 조합을 상향이중모음, '단모음 + 반모음'의 조합을 하향이중모음이라고 한다. 반모음이란 하나의 음절을 독립적으로 만들 수 없고, 모음에 기대어 소리나며, 단모음과 마찬가지로 발음할 때 입술이나 혀가 움직이지 않는 모음이다. 한국어는 'ㅢ'를 제외하고 모두 상향이중모음이다.

다음의 예를 발음해 보며 이중모음을 연습해보자.

좌석벨트 [자석벨트 ×]
승무원 [승먼 ×]
안전요원 [안전요언 ×]
화장실 [하장실 ×]
기류변화 [기루변하 ×]

또한, 'ㅢ' 발음은 다음의 세 가지 발음법을 따른다.

① 첫음절로 쓰일 때는 제 음가인 '의'로 발음한다. 그 예로는 '의사[의사]'가 있다.

② 단어의 첫음절 이외의 경우에는 '이'로 발음한다. 그 예로는 '한의사[한이사]'가 있다.

③ 조사로 쓰이는 경우에는 '에'로 발음한다. 그 예로는 '여러분의[여러분에]'가 있다.

2) 자음

자음이란 허파에서 나오는 공기의 흐름이 목 안이나 입안에서 방해를 받고 나오는 소리를 말하며, 자음은 모음 없이는 소리를 낼 수 없다.

다음의 자음 발음법을 통해 올바른 발음을 익히도록 하자.

ㄱ	ㄴ	ㄷ	ㄹ	ㅁ	ㅂ	ㅅ	ㅇ	ㅈ	ㅊ
기역	니은	디귿	리을	미음	비읍	시옷	이응	지읒	치읓
ㅋ	ㅌ	ㅍ	ㅎ	ㄲ	ㄸ	ㅃ	ㅆ	ㅉ	
키읔	티읕	피읖	히읗	쌍기역	쌍디귿	쌍비읍	쌍시옷	쌍지읒	

자음은 소리 나는 위치, 목청의 울림이 일어나는가 일어나지 않는가, 그리고 소리의 세기에 따라 다음과 같이 세분화된다.

우선, 자음은 소리 나는 위치에 따라 '입술소리', '잇몸소리', '센입천장소리', '여린입천장소리', '목청소리'로 나뉜다.

'입술소리'는 'ㅂ, ㅃ, ㅍ, ㅁ'과 같이 두 입술에서 나는 소리를 말하며, '잇몸소리' 'ㄷ, ㅌ, ㄸ, ㅅ, ㅆ, ㄴ, ㄹ'과 같이 혀끝이 윗잇몸에 닿아서 나는 소리를 말한다.

그리고 '센입천장소리'는 'ㅈ, ㅉ, ㅊ'과 같이 혓바닥과 경구개(굳은입천장) 사이에서 나는 소리를 뜻하며, '여린입천장소리'는 'ㄱ, ㅋ, ㄲ'과 같이 혀의 뒷부분과 연구개(여린입천장) 사이에서 나는 소리를 말한다. 마지막으로 '목청소리'는 목청 사이에서 나는 소리로서 'ㅎ'이 대표적이다.

다음으로 목청의 울림이 일어나는가 일어나지 않는가에 따라서는 다음과 같이 분류된다.

자음은 소리 낼 때 목청의 울림 여부에 따라, '울림소리'와 '안울림소리'로 나뉘며, 자음 가운데 'ㄴ, ㄹ, ㅁ, ㅇ'만이 '울림소리'에 해당된다.

'울림소리' 중 'ㄴ, ㅁ, ㅇ'은 콧소리, 'ㄹ'은 흐름소리로 분류되는데 '콧소리'란 소리 낼 때 입안의 통로를 막고 코로 공기를 내보내면서 내는 소리를 말하며, '흐름소리'란 혀끝을 잇몸에 가볍게 대었다가 떼거나 혀끝을 윗잇몸에 댄 채 그 양 옆으로 공기를 흘려보내면서 내는 소리를 말한다.

마지막으로 한글의 자음은 소리의 세기에 따라 '예사소리', '된소리', '거센소리'로도 나뉜다.

'된소리'는 예사소리보다 더 강하고 단단한 느낌을 주고, '거센소리'는 된소리보다 더 크고 거친 느낌을 준다. 예를 들어, 'ㄱ, ㄲ, ㅋ'을 소리 낼 경우 'ㄲ'은 'ㄱ'보다 더 강하고 단단한 느낌을 주고, 'ㅋ'은 'ㄲ'보다 더 크고 거친 느낌을 준다. 따라서 'ㄱ'은 예사소리, 'ㄲ'은 된소리, 'ㅋ'은 거센소리라고 분류할 수 있다.

3) 음운의 변동

음운의 변동이란, 두 음운이 만났을 때 소리내기 좋게 달라지는 현상을 말한다.

우리말은 원래대로 발음했을 때 소리내기가 힘들기 때문에 발음할 때 원래 모습 그대로 발음하지 않고 발음하기 쉽게 음운이 달라지는데 이것을 '음운의 변동'이라 한다.

그럼 다양한 음운의 변동법칙을 알아보도록 하자.

(1) 자음동화

'자음동화'란 주변에 친한 친구끼리는 서로 유사한 점이 많고, 함께 지내면서 서로 영향을 주고받듯이 한글의 자음 또한 발음을 쉽게 하기 위해 인접한 두 음운이 서로 닮는 현상을 말한다.

예를 들면, '국물'의 앞말 받침 'ㄱ'이 뒷말의 'ㅁ'의 영향을 받아 'ㅇ'으로 바뀌어 [궁물]로 소리나는 경우가 그 예이다. 이와 같이 두 자음이 서로 영향을 주고받아 비슷하거나 같은 소리로 바뀌는 현상을 '자음동화'라고 한다.

다음의 예를 발음해 보며 자음동화를 연습해보자.

육류[융뉴],	한류[할류],	국민[궁민],	왕릉[왕능],
담력[담녁],	밥물[밤물],	난로[날로],	독립[동닙],
전라도[절라도],	섭리[섬니]		

(2) 구개음화

'구개음화'란 'ㄷ, ㅌ'이 'ㅣ'모음을 만나 'ㅈ, ㅊ'으로 바뀌는 현상으로, '해돋이'는 'ㄷ'이 'ㅣ' 모음을 만나 'ㅈ'으로 변해 [해도지]로 소리 나고, '같이'는 'ㅌ'이 'ㅣ' 모음을 만나 'ㅊ'으로 변해 [가치]로 소리 나는 것이 이러한 예이다.

그렇다면 구개음화는 왜 일어나는 것일까?

'디'와 '지'를 소리 낼 때 '디'와 '지' 중 혀의 움직임이 더 적은 것은 바로 '지'이다. 그 이유는 'ㄷ'과 'ㅣ', 'ㅈ'과 'ㅣ'의 혀의 위치를 비교해 보면, 'ㄷ'과 'ㅣ'보다 'ㅈ'과 'ㅣ'의 거리가 더 가깝기 때문이며 이렇듯 혀의 움직임이 적어야 소리내기가 쉬워지므로 'ㄷ'이 'ㅣ'를 만나면 소리를 쉽게 내기 위해서 'ㅈ'으로 발음이 바뀌게 되는 것이다.

다음의 예를 발음해 보며 구개음화를 연습해보자.

등받이[등바지], 밑이나[미치나]

(3) 된소리

'된소리현상'이란 '먹보'가 [먹뽀]로 소리나는 것처럼, 두 개의 안울림소리가 서로 만나 뒤의 소리가 된소리로 발음되는 현상으로, 안울림소리인 'ㄱ, ㄷ, ㅂ, ㅅ, ㅈ'이 된소리인 'ㄲ, ㄸ, ㅃ, ㅆ, ㅉ'이 되는 것을 '된소리되기'라고 한다.

그렇다면 된소리되기는 어떤 경우에 발생할까?

'된소리되기'는 다음 두 가지 경우에 일어난다.

첫번째로 두 개의 안울림 예사소리가 만날 때, 뒤의 안울림 예사소리가 된소리로 바꾸어진다.

예를 들어 '국밥'이 [국빱]으로 발음되는 경우이다.

두 번째로 끝소리가 'ㄴ, ㅁ'인 어간에 안울림 예사소리로 시작되는 어미가 이어질 때 뒤의 예사소리가 된소리로 바뀌어 진다. 즉 '신다'가 [신따]와 같이 발음되는 것이 그 예이다.

다음의 예를 발음해 보며 된소리를 연습해보자.

받침대[바침때],	입국신고서(입꾹신고서],	목적지[목쩍찌],
탑승[탑씅],	갑작스런[갑짝쓰런]	

(4) 사잇소리

'사잇소리현상'이란, 어근과 어근이 합쳐져서 합성어가 될 때, 뒤의 예사소리가 된소리로 바뀌거나 'ㄴ' 소리가 덧나는 경우로 '봄비'는 [봄삐]로 소리 나고, '나뭇잎'은 [나문닙]으로 소리 나는 현상을 '사잇소리현상'이라 한다.

예를 들어 등불의 경우, 어근과 어근이 합쳐져서 합성어가 될 때, 앞말의 끝소리가 울림소리이고 뒷말의 첫소리가 안울림 예사소리이면, 뒤의 예사소리가 된소리로 바뀌어 [등뿔]로 발음되는 것이다.

다음의 예를 발음해 보며 사잇소리를 연습해보자.

촛불[초뿔],	고깃배[고깃빼]

(5) 장단음

아래의 문장을 읽어보자.

> 항 : 공,　금 : 지,　안 : 내,　준 : 비,　예 : 정된,　면 : 세품,　이 : 륙후,
> 전 : 자제품,　좌 : 석벨트,　모 : 시겠습니다.　다 : 하겠습니다

어떤 뜻인지 바로 이해할 수 없다면 이것은 신체의 일부인 '눈'과 하늘에서 내리는 '눈:(雪)'을 다르게 발음하지 않았기 때문이다. 이처럼 자음과 모음이 다 똑같을 때에는 소리의 길이로 뜻을 구별해야 하는데 이것을 '장단음의 구별'이라 한다.

예를 들어, 신체의 일부인 '눈(眼)'은 짧게 발음하고, 하늘에서 내리는 '눈:(雪)'은 길게 발음해야 하며, 신체의 '발(足)'은 짧게, 여름날 햇빛을 가리기 위해 창문이나 문 등에 치는 '발:(簾)'은 길게 발음해야 한다. 참고로 보통 우리 몸에 붙어 있는 신체기관은 모두 짧게 발음한다.

다음의 예를 발음해 보며 장단음을 연습해보자.

'말(馬)'을 타고 '말:(言)'을 한다.

'눈(眼)'에 '눈:(雪)'이 들어간다.

'발(足)'로 '발:(簾)'을 찬다.

'밤(夜)'에 '밤:(栗)'을 먹는다.

'병(瓶)'에 담긴 물을 마셨다가 '병:(病)'이 났다.

'사과'를 나눠 먹으면서 '사:과(謝過)'를 했다.

'무력(無力)'한 사람은 '무:력(武力)'을 쓰는 사람을 이길 수 없다.

4) 주의해야 할 발음 습관

(1) 'ㅎ' 발음

'ㅎ' 발음은 힘을 들여 공기를 뱉어 주며 정확히 발음해야 한다. 공기를 뱉지 않으면 'ㅇ' 처럼 들릴 수 있으므로 각별히 신경써야 하는데 'ㅎ' 발음이 정확해지면 기내방송의 전달력이 높아지고, 세련된 방송이 될 수 있다.

공항[공앙 ×]	안전한[안저난 ×]	출발하겠습니다[출바라겠습니다 ×]
비행시간은[비앵시간은 ×]	호흡을[호으블 ×]	감사합니다[감사암니다 ×]

(2) 경음화

본인의 습관으로 평음을 경음화하여 발음하는 경우가 많은데 이러한 경우 세련된 이미지를 주기 어려우므로 각별한 주의와 연습이 필요하다. 특히 숫자 '0', '1'을 읽을 때 경음화하여 발음하지 않도록 연습해 보자.

> 701편입니다[칠영일편입니다 ×] [칠공일편입니다 ○]
> 미화 600달러[미화 육빽딸러 ×] [미화 육빽달러 ○]

5) 공항 명칭 읽기

각 나라, 도시의 공항명은 임의로 읽어서는 안되고, 반드시 정식 공항 명칭을 사용해야 한다. 지역명과 공항명이 다른 경우는 지역명에 이어서 공항명을 방송한다.

※ 공항명에는 그 지역에 큰 영향을 끼친 유명인의 이름이 활용되는 경우가 있으므로 방송 전 반드시 확인하여 정식 공항명을 사용하여야 한다.

ICN[서울 인천 국제공항]	NRT[도쿄 나리따 국제공항]
JFK[뉴욕 존 에프 케네디 국제공항]	SEA[시애틀 타코마 국제공항]
ORD[시카고 오헤어 국제공항]	PVG[상하이 푸동 국제공항]
BKK[방콕 수완나폼 공항]	LHR[런던 히드로 공항]

2. 한국어 기내방송 연습

1) 정상적 상황

(1) 탑승편 안내 및 짐 보관

승객이 듣게 되는 최초의 기내방송이므로 서두르는 느낌 없이 천천히 정확하게 시행한다.

손님 여러분, 이 비행기는 OO공항까지 가는 OO항공 OO편입니다. 가지고 계신 탑승권 상의 편명을 확인해 주시기 바랍니다. 스마트폰 등 전자기기는 비행모드로 전환해 주십시오. 노트북 등 큰 짐은 좌석 밑이나 선반 속에 넣어 주시고 깨지기 쉬운 물건은 좌석 밑에 보관해 주시기 바랍니다.
감사합니다.

탑승이 이루어지고 있는 어수선한 분위기이므로 명확하고 크게 방송하며 형식적으로 이루어지지 않도록 주의한다. 또한 기내에서 하는 첫 방송이자 안전에 관한 주의사항이 담긴 방송이므로 더욱 신경 써서 천천히 시행한다.

방송할 때 쉼 없이 줄줄 읽는다는 느낌보다는 Pause를 충분히 두고 시행한다.

(2) 환영인사

승객에게 가장 기억에 남는 기내방송이므로 환영과 감사의 뜻이 잘 표현되도록 시행한다.

손님 여러분, 안녕하십니까? OO항공 OO편의 탑승을 환영합니다.
OO공항까지 비행시간은 OO시간 OO분이 걸릴 것으로 예상하며, OO기장과 OO사무장을 비롯한 승무원들은 최선을 다해 편안하게 여러분을 모시겠습니다.
잠시 후 기내 안전에 대한 비디오를 상영하겠습니다. 아울러, 항공 안전요원인 객실승무원이 기내 안전을 담당하고 있으니 기내에서는 승무원의 지시에 따라 주시기 바랍니다. 감사합니다.

환영인사 방송은 비행정보의 제공, 대 고객 환영, 안전관련 정보 제공 등을 목적으로 시행하는 방송이므로 감정전달에 주의하고 정성스럽게 시행한다.

(3) 승객 브리핑

정확한 정보의 전달을 주요 목적으로 하는 방송으로 내용의 영상화를 위해 기내방송 내용과 시연자의 시행이 일치되도록 주의한다.

감정을 배제하고 다른 방송내용에 비해 크게 그리고 안전한 비행을 위한 진중한 태도로 시행한다.

손님 여러분, 비상용 장비와 비상구 이용방법에 대해 안내 말씀 드리겠습니다.

비상 탈출 시, 사용 가능한 비상구는 승무원들이 가리키는 좌우에 있습니다. 비상 탈출 시에는 좌석 옆면의 비상등을 따라 탈출하시기 바랍니다.

비상시, 비상구 옆에 계신 손님은 승무원의 안내에 따라, 다른 손님들의 탈출을 도와주십시오. 좌석벨트는 양쪽 고리를 끼워 몸에 맞게 조이고 풀 때는 뚜껑을 들어 당겨 주십시오. 기내에 산소 공급이 필요할 때는 선반 속에 있는 산소마스크가 내려옵니다. 이때, 마스크를 앞으로 잡아당겨 호흡을 몇 번 하고, 끈을 머리에 맞게 조여 주십시오. 바다에 내렸을 때 사용하는 구명복은 좌석 밑에 있습니다.

구명복은 머리 위에서부터 입고 끈을 허리에 감아, 앞에 있는 고리에 끼워 조여 주시기 바랍니다. 앞에 있는 손잡이를 당기면 부풀어지며, 충분히 부풀지 않을 때는 고무관을 불어 주십시오.

구명복은 탈출 직전 문 앞에서 부풀려 주십시오.

자세한 내용은 좌석 앞 주머니 속의 안내서를 참고해 주시기 바랍니다.

감사합니다.

(4) 이륙 안내

중간 톤으로 천천히 명료하게 시행한다.

손님 여러분, 곧 이륙하겠습니다. 좌석벨트를 매셨는지 다시 한번 확인해 주시기 바랍니다. 감사합니다.

(5) SEATBELT SIGN OFF

의미에 맞도록 끊어 읽기와 발음에 유의하며 자연스럽게 시행한다.

손님 여러분, 좌석벨트 착용표시등이 꺼졌습니다. 그러나 기류 변화로 비행기가 갑자기 흔들릴 수 있으니, 앉아 계실 때는 항상 좌석벨트를 매 주시고, 화장실을 포함한 기내에서는 금연해 주시기 바랍니다. 또한 머리 위 선반을 여실 때는 물건이 떨어져 다칠 위험이 있으니 필요하실 경우에는 언제든지 승무원의 도움을 받으시기 바랍니다.

(6) 기내서비스 소개

밝은 톤으로 친절하고 믿음이 가도록 천천히 시행한다.

손님 여러분, 즐겁고 편안한 여행을 위해 비행 중 제공되는 서비스를 안내해 드리겠습니다. 곧, 음료와 식사를 제공하고, 이어서 면세품을 판매하겠습니다. (도시명) 도착 OO시간 OO분 전 음료와 식사를 준비해 드리겠습니다. 비행 중에는 안전을 위해 항상 좌석벨트를 매 주시고, 화장실을 포함한 기내에서는 금연해 주시기 바랍니다. 또한 머리 위 선반을 여실 때는 물건이 떨어져 다칠 위험이 있으니 유의해 주시기 바랍니다.
저희 승무원들은 여러분을 (도시명)까지 최선을 다해 정성껏 모시겠습니다.
도움이 필요하시면 언제든지 승무원에게 말씀해 주십시오. 감사합니다.

(7) 10,000 ft. SIGN ON

착륙 전 기내 안전에 관한 중요한 내용을 담고 있는 방송문이므로 승객 주의를 집중시키기 위한 적절한 Volume과 속도를 유지하며 시행한다.

손님 여러분, 잠시 후 OO공항에 도착하겠습니다. 좌석 벨트를 매 주시고 좌석 등받이와 테이블은 제자리로 해 주시기 바랍니다. 또한, 창문은 열어 주시고, 꺼내 놓은 짐은 좌석 밑이나 선반 속에 넣어 주십시오. 감사합니다.

(8) 하기인사(환송)

탑승객에 대한 감사의 마음을 담아 밝고 정성스럽게 시행한다.

손님 여러분, OO공항에 도착했습니다. (도시명)의 현재 시각은 OO월 OO일 OO요일 오전(오후) OO시 OO분입니다.
안전을 위해 좌석벨트를 계속 매고 계시고 비행기가 완전히 멈춘 후, 선반을 여실 때는 안에 있는 물건이 떨어지지 않게 주의해 주시기 바랍니다.
OO항공을 이용해 주신 손님 여러분께 진심으로 감사드리며, 앞으로도 밝은 미소로 여러분을 모시겠습니다. 안녕히 가십시오.

비행기가 착륙한 후 소음이 진정된 이후에 실시하는 방송이므로 승객들의 집중도가 매우 높은 기내방송이다.

또한 도착지의 정보와 안전 관련 사항, 그리고 승객과의 헤어짐을 아쉬워하는 마음이 잘 표현되어야 하기 때문에 환영인사 방송과 더불어 '기내방송의 꽃'이라고 할 수 있다.

만약 공항명과 지명이 다른 경우 지명을 먼저 말하고, 이어서 공항명을 넣어 방송하도록 한다. 만약 착륙 DELAY가 5분 이상 발생한 경우 기장에게 정확한 사유를 전달받아 주임 사무장(캐빈 매니저)에게 보고하고 방송을 시행한다.

2) 비정상상황

(1) 연착(일반상황)

안내말씀 드리겠습니다.
출국 수속 중인 손님을 기다리고 있어 (탑승하지 않은 일부 손님을 기다리고 있어/손님의 화물을 싣고 있어/기내식 탑재를 기다리고 있어) 출발이 늦어지고 있습니다.
잠시 후(약 OO시간 OO분 후) 출발하겠으니 양해해 주시기 바랍니다. 손님 여러분께 불편을 드려 대단히 죄송합니다.

(2) 연착(기상악화)

안내말씀 드리겠습니다.
[1차 안내]
OO공항의 짙은 안개(폭설/폭우/강풍/황사/지진 등)로 이착륙(이륙/착륙)이 불가능해, 출발이 지연되고 있습니다. 자세한 사항은 상황이 확인되는 대로 다시 알려 드리겠습니다.
[재안내]
날씨가 나아지지 않아 출발이 계속 지연되고 있습니다. 약 OO분 후, 출발할 것으로 예상됩니다. 기상 상황이 확인되는 대로 출발 여부를 알려드리겠습니다.
[상황 호전]
날씨가 나아지고 있어, 약 OO분 후 출발이 가능할 것으로 예상됩니다. 자리에서 잠시만 기다려 주시기 바랍니다. 감사합니다.

(3) 응급환자 발생

안내 말씀 드리겠습니다.

지금 기내에 응급환자가 발생했습니다.

손님 중에 의사 선생님이 계시면 저희 승무원에게 말씀해 주십시오.

(4) 금연 안내

안내 말씀 드리겠습니다.

항공보안법에 따라 화장실을 포함한 기내에서는 금연이오니

협조해 주시기 바랍니다.

(5) 난기류(Turbulence)

손님 여러분, 기류 변화로

[진행]

비행기가 흔들리고 있습니다. 화장실 사용 등 이동을 삼가시고 좌석벨트를 매 주시기 바랍니다.

[지속적 진행]

비행기가 약 OO분간 계속 흔들릴 것으로 예상됩니다. 화장실 사용 등 이동을 삼가시고 좌석벨트를 매셨는지 다시 한번 확인해 주시기 바랍니다.

[서비스 중단]

안전을 위해 서비스를 잠시 중단하겠습니다. 기류가 안정되면 서비스를 계속하겠으니 여러분의 양해를 부탁드립니다.

(6) 회항(Diversion)

안내 말씀 드리겠습니다.

OO공항의 짙은 안개로 착륙이 불가능합니다.

우리 비행기는 OO공항에 임시 착륙하겠습니다.

약 OO분 후 도착할 예정이며, 자세한 사항은 다시 알려드리겠습니다.

감사합니다.

(7) 선회(Circling)

안내 말씀 드리겠습니다.

OO공항에 이착륙하는 항공기가 많아 공항 상공을 선회하고 있습니다.

공항 관제탑으로부터 착륙 허가를 받는대로 곧 착륙하겠습니다.

감사합니다.

3) 비상상황

(1) 객실 화재

[발생]
안내 말씀 드리겠습니다. 지금 객실 뒷부분(앞부분, 중간)에서 화재가 발생하였습니다. 현재 저희 승무원들이 화재를 진압하고 있으니 손님 여러분들께서는 당황하지 마시고 좌석에 앉으셔서 좌석벨트를 착용해주시기 바랍니다. 또한 객실 내에서의 이동은 삼가시고 화재 발생 구역 부근의 손님께서는 승무원의 지시에 따라 좌석을 교환해주시기 바랍니다. 감사합니다.

[진압 후]
손님 여러분, 조금 전에 발생한 화재는 모두 진화되었습니다. 현재 항공기는 안전한 상태이며 저희는 OO시 OO분 경에 OO공항에 도착할 예정입니다. 손님 여러분께 불편을 드려 대단히 죄송합니다. 또한 손님 여러분의 협조에 진심으로 감사드립니다.

(2) 객실 감압

[발생]

손님 여러분, 지금 객실 내 감압이 발생하였습니다. 손님 여러분께서는 신속히 머리 위 선반에 있는 산소마스크를 당겨 코와 입에 착용하시고 정상적으로 호흡하시기 바랍니다. 또한 좌석에 앉으셔서 좌석벨트를 착용해 주십시오. 감사합니다.

[안전고도 진입 후]

손님 여러분, 지금 저희 비행기는 안전고도에 이르렀습니다. 손님 여러분들께서는 착용하시고 계신 산소마스크를 벗으셔도 됩니다. 또한 도움이 필요하신 손님께서는 콜버튼을 눌러주시기 바랍니다. 감사합니다.

쉬어가기

■ **항공사들의 유머넘치는 기내방송 I**

어느 유럽 항공사 기장은 "나이가 많은 승무원이 근무 중이다." 라고 운을 떼며, "승객 여러분! 자동조종 고도에 도달했으므로 곧 기내의 조명을 끄겠습니다. 이것은 승객 여러분의 쾌적한 여행과 저희 승무원을 한층 돋보이게 하기 위해서입니다."

"소지하신 짐은 잃어버리지 않도록 주의하시기 바랍니다. 만약 잊으시는 경우에는 저희가 갖고 싶어하는 것으로 부탁드립니다."

"여러분 흡연은 날개 위에서만 가능하며, 거기서 불을 붙일 수 있으면 흡연하실 수 있습니다."

"연인과 헤어질 때는 50가지의 방법(Ways)이 있으나 기내로부터 밖으로 나가는 데는 4개의 비상구(Ways)밖에 없습니다."

"급격한 기내 기압변동 시에는 기내 선반 위에서 산소마스크가 내려옵니다. 이 때는 놀라지 마시고 마스크를 착용해 주십시오. 어린이를 동반한 승객분들은 아이에게 마스크를 씌우기 전에 먼저 자신의 마스크를 착용해주시고 만약 2명 이상의 아이를 동반한 분은 마음에 드는 아이에게 먼저 씌워 주시기 바랍니다."

천둥 번개를 동반한 폭풍우 속을 뚫고 격렬하게 착륙한 후, "머리 위의 선반을 열 때는 조심해 주시기 바랍니다. 이번 착륙으로 모든 짐이 이동했을 것으로 생각됩니다."

"좌석은 물에 뜨게 되어 있습니다. 비상상황 발생 시 물 위에 착륙할 때는 이것을 이용해 육지까지 저어 가기 위한 저희의 서비스 상품입니다."

- 자료 참고 : 블로그 블루윙 -

CHAPTER 6

영어 기내방송

CHAPTER 6

영어 기내방송

학 / 습 / 목 / 표

1. 객실서비스 규정에 따라 영어 방송에 적합한 표현 기법을 익힌다.
2. 전달력 있게 상황별 영어 기내방송을 실행한다.

1. 영어 기내방송 기법

영어의 발음 표기는 널리 알려진 국제음성기호(international phonetic alphabet)를 주로 사용하며, 영어의 발음표기에 사용되는 국제음성기호란 국제음성학회(International Phonetic Association)가 1888년에 만든 발음 기호로 IPA라고도 한다.

영어의 자음 음소는 모두 26개이다. 흔히 반자음으로 불리는 접근음(approximant, 또는 활음 glide)은 일반적으로 자음으로 분류된다.

영어의 자음체계는 성대의 떨림에 따라 결정되는 유성음과 무성음이 거의 서로 다른 소리로 구분된다. 이는 한국어의 자음과는 상당히 다른 특징으로 한국어에서는 자음의 유무성 여부는 자음이 어디에 위치하는가에 따라 자동적으로 결정된다.

특히, 한국 사람들이 발음할 때 어려워하는 영어 자음에는 'p/f', 'b/v', 'l/r'가 있다. 다음의 기내 방송문의 예를 참고로 연습해 보자.

passenger / **f**asten	**b**ound / **v**ideo	**l**adies / **r**eturn
please / **f**ully	a**b**oard / de**v**ices	f**l**ight / du**r**ing

미국영어의 모음에는 단모음 11개, 이중모음 3개의 음소가 있다.

영어의 모음체계는 간단해 보이지만 오히려 복잡하다. 때로는 각 지역의 방언마다 서로 다르게 발음이 되고 심지어는 각 개인마다 서로 다르게 발음되기 때문이다. 특히 영국영어와 미국영어에서의 모음체계가 서로 다르고, 더욱이 학자마다 서로 다르게 분석하고 있지만 본 서는 일반적인 미국영어의 모음체계를 중심으로 제시하였다. 영어의 모음 중에서는 'o' 다음의 기내 방송문 단어를 연습해 보며 발음의 정확도와 전달력을 높여 보자. 다음의 세 가지 경우 'o'의 발음은 모두 다르게 발음된다.

overhead [어벌헤드 ×] [오우벌헤 - ㄷ ㅇ]
of [오브 ×] [어 - ㅂ ㅇ]
officer [오퓌썰 ×] [아퓌써 - ㄹ ㅇ]

영어의 음소를 한국어의 음소와 비교해 보면, 한국어의 'ㅃ', 'ㄸ', 'ㄲ' 등에 해당하는 음소는 영어에 없다. 반대로 영어의 음소 중 f, v, θ, ð, z, ʒ 등은 한국어에 없다. 그러므로 한국어에 없는 음소인 f, v, θ, ð, z, ʒ 등은 발음에 각별한 연습이 필요하다.

영어의 대표적인 음운현상은 다음과 같다.

1) 동화(assimilation)와 이화(dissimilation)

말을 하는 것은 상호 의사소통을 위한 것이며 모든 대화에는 말하는 사람과 듣는 사람이 존재한다. 따라서 영어로 대화 시 말하는 사람의 입장에서는 좀 더 편안하게 발성하기 위해 소리를 바꾸게 되지만 듣는 사람의 입장을 배려한다면 두 소리를 서로 다르게 발성하여 잘 들을 수 있게 해야 한다. 물론 말하는 사람이 먼저이므로 청자의 입장보다는 화자의 편리가 더 우선시되어 음운현상이 발달된 경우가 많다.

그 중에서도 영어로 구술할 경우 가장 일반적인 음운현상은 동화라고 할 수 있다.

동화는 각각의 소리가 인접해있는 다른 소리의 영향을 받아 비슷해지거나 혹은 같아지게 되는 현상을 말한다. 동화는 변화가 일어나는 방향에 따라 순행동화, 역행동화, 혹은 상호동화로 나뉘는데 영어는 역행동화의 언어에 속한다. 앞소리의 영향을 받아 뒤의 소리가 바뀌면 순행동화, 그리고 둘 다 바뀌는 상호동화와는 달리 영어는 뒤에 오는 소리의 영향을 받아 앞의 소리가 바뀌게 되는 발음의 변화가 많다.

다음은 영어에서 쉽게 발견되는 동화현상의 예이다.

I can't go [kæŋ ghaoʊ]   give me 〉[gɪm mɪ]

ladies ⌒ and [레이디센ㅇ]
member ⌒ of [멤버럽ㅇ]
welcome ⌒ you [웰커뮤ㅇ]
help ⌒ you [헬퓨ㅇ]
back ⌒ again [백커겐ㅇ]

2) 융합(coalescence)

영어에서는 두 개의 음이 상호 동화하여 하나의 새로운 음으로 바뀌는 현상도 일어나는데 이를 융합이라고 한다. 영어에서 가장 대표적인 융합은 /j/와 융합하여 새로운 발음이 되는 현상이다.

구체적인 예를 들면 다음과 같다.

z + j → ʒ   t + j → ʧ   d + j → ʤ

You are permitted to use your electronic device.
/z/ /j/ → /ʒ/
Our canbin crew will be happy to assit you.
/t/ /j/ → /ʧ/
We stwngly recommend you keep your seatbett fastened.
/d/ /j/ → /ʤ/

융합은 방언에 따라 일어나기도 하고 일어나지 않기도 하는데 미국영어보다는 영국영어에서 더 많이 일어나는 경향이 있다.

3) 탈락(deletion)과 삽입(insertion)

말을 하다보면 소리가 탈락하는 경우도 있지만 삽입되는 경우도 있다.

탈락은 삽입보다 훨씬 더 자주 일어나며 무엇보다도 발음하기 쉽게 만들려는 현상이다.

탈락을 유도하는 환경은 다음과 같은 특징을 지닌다.

첫째, 말이 빠를수록 탈락은 자주 일어난다. 또한 일상적인 말투나 혹은 부주의한 경우에 더 자주 일어난다.

둘째, 모음의 경우 강세모음은 탈락하지 않고 비강세 모음이 주로 탈락한다.

셋째, 미국영어보다는 영국영어에서 탈락이 더 자주 일어난다고 한다.

영어는 강세 박자에 따라 다르게 표현되는 언어라는 특징이 있어 탈락현상이 매우 빈번하게 나타난다. 즉 강세의 숫자에 따라 문장 전체의 발화 시간이 달라지므로 강세 음절 사이에 강세를 받지 않는 음절이 많으면 다 발음하기가 어려워 탈락하게 된다.

자음과 모음 모두 탈락현상을 보이는데 특히 같은 자음이 겹쳐 중복자음을 이루게 되면 이들 중 하나는 탈락한다.

father and son [fɑ ᵊ rən sʌn]	take care [teɪkɛɚ]
seat and tray [si:tən treɪ]	flight time [flɑɪtɑɪm]
scheduled departure [skedʒu:ldɪ pɑ:rtʃər]	

또한 탈락과는 반대로 발음을 쉽게 하기 위해 본래 없던 소리가 첨가되는 현상을 삽입이라고 하는데 /r/의 삽입과 잉여의 파열음 삽입이 영어에서 나타나는 가장 일반적인 예이다.

이것은 주로 발음을 쉽게 하기 위해 삽입된다.

4) 강세(stress)

영어를 잘 듣기 위해서는 영어단어의 발음, 음연속, 강세(단어, 구 문장) 음조 등 영어의 음성적인 특징을 숙달해야 한다.

영어는 강세박자리듬(Stress-timed Rhythm)의 언어로 영어의 악센트는 강세가 기본이지만 강세를 줄 때 한국어보다 큰 고저변화폭으로 높낮이의 변화를 주는 특징이 있다.

영어의 강세는 리듬형성에 중요한 역할을 하지만 단어, 어군, 문장 등을 tone group에 통합하는 움직임도 있다.

영어의 표현이 더욱 잘 들릴수 있는 효과적인 방법은 다음과 같다.

첫째, 소리가 크면 잘 들린다. 강세 음절은 약강세 음절보다 소리가 크다. 다시 말해 듣는 사람에게 잘 전달하기 위해 필수적인 구성요소는 소리의 크기이다. 무의미한 단어보다 중요단어의 소리를 크게 하면 효과적으로 전달하는데 도움이 된다.

둘째, 소리가 길면 잘 들린다. 강세 음절은 약강세 음절에 비하여 소리가 길다. 즉 효과적인 전달하기 위해서 중요한 것은 소리의 길이라고 할 수 있다.

셋째, 소리가 높으면 잘 들린다. 강세음절은 약강세 음절에 비하여 소리가 높다.

넷째, 공명(진동계의 진폭이 두드러지게 증가하는 현상)이 큰 음이 잘 들린다.

강세 음절은 약강세 음절에 비해 공명이 크다.

또한 문장 속에서 강세를 어디에 둘 것인지를 생각할 경우, 가장 첫 번째 원칙은 낱말을 내용어(content words)와 기능어(function words)로 나누어 생각하는 것이다.

내용어란 일반적으로 독립된 의미를 이루는 낱말로, 명사, 형용사, 동사, 부사, 지시 대명사 등을 말한다. 기능어란 주로 문법구조의 여러 관계를 가리키는 낱말로 대명사, 접속사, 전치사, 관사, 조동사 등이 그 예이다. 일반적인 영어문장의 표현에서 특별한 강조나 대비 등의 뜻을 갖지 않는 중립적인 문장에서 내용어는 강세를 받지만 기능어는 강세가 없는 것이 보통이다. 그리고 하나의 tone group에는 제 1강세를 받는 낱말(음절)이 하나 있고, 그 낱말은 중립적인 문장에서 보통 tone group의 맨 끝의 내용어이고, 이때, 다른 내용어의 강세는 억제 또는 격하(demote)되는 것이 원칙이다.

두 번째 원칙은 End-weight, end-focus 이다.

영어의 문장에는 End-weight(문장 끝의 비중)라는 특징이 있다. 이것은 현재 문장을 front-position, mid-position, end-position으로 나누어 생각해 볼 때 End-weight에 가장 무거운 항목이 오는 위치, front-position은 그것에 뒤를 잇는 항목, mid-position은 무게가 제일 적은 요소가 오는 위치라는 것이다.

즉, 제일 무거운 항목은 의미상 가장 중요하므로 보통 쓰는 말에서는 거기에 문장 강세가 온다.

I gave Mary it → I gave it to Mary

I know that the earth is round well → I know well that the earth is round

이처럼 mid-position에는 비교적 가벼운(짧은) 요소가 놓이고 무거운(긴) 항목은end-position에 놓인다는 것을 의미한다.

세 번째 원칙은 신정보와 구정보를 구분하는 것이다.

연속적으로 정보를 전달함에 있어서 새로운 개념을 나타내는 낱말은 모두 강한 강세를 받지만, 이미 알려진 것이나 당연한 것으로 여겨지는 개념을 나타내는 낱말은 강조되지 않고 비교적 약한 강세를 갖는다.

마지막 원칙은 문장에서 전제와 초점이 되는 내용을 구분하여 강세를 주는 것이다.

전제란 이전에 전달된 정보를 말하고, 초점이란 새로운 정보를 갖는 문장의 내용을 말한다. 즉 초점은 말하는 내용 중에서 중요한 부분이 되므로 문장의 강세와 문장의 높낮이도 초점에 중심을 둔다는 의미이다.

Who visited Mary? / Tom visited Mary

위 문장은 누군가가 메리를 방문했다. visited Mary는 알고 있는 정보이며, 그것이 전제가 되어 시작된 문장이다. 따라서 그것에 대한 적절한 대답은 누가 방문자인가를 나타내는 정보를 제공하는 것이다.

5) 날짜와 시간 읽는 법

기내방송 시 날짜를 읽을 때는 요일, 날짜, 월의 순으로 한국어와 순서가 다르므로 주의한다. 또한, 날짜는 서수로 읽어준다.

> Sunday the eighth of September.
> Monday the eleventh of December.

또한, 시간을 방송할 때는 시와 분을 따로 각각 읽어주면 된다. 예를 들어 1시 30분이면 [one thirty]라고 읽어주고 오전인지 오후인지 알려준다.

> 오후 1시 30분 [one thirty pm]
> 오전 7시 15분 [seven fifteen am]

Tongue twister를 통해 다양한 발음법을 연습해보자!

1. We surely shall see the sun shine soon.
2. Which wristwatches are Swiss wristwatches?
3. Fred fed Ted bread, and Ted fed Fred bread.
4. She sells seashells by the seashore.
5. How can a clam cram in a clean cream can?
6. I scream, you scream, we all scream for ice cream.
7. I saw Susie sitting in a shoeshine shop.
8. Susie works in a shoeshine shop. Where she shines she sits, and where she sits she shines.
9. Fuzzy Wuzzy was a bear. Fuzzy Wuzzy had no hair. Fuzzy Wuzzy wasn't fuzzy, was he?
10. Can you can a can as a canner can can a can?
11. I have got a date at a quarter to eight; I'll see you at the gate, so don't be late.
12. You know New York, you need New York, you know you need unique New York
13. I saw a kitten eating chicken in the kitchen.
14. If a dog chews shoes, whose shoes does he choose?
15. I thought I thought of thinking of thanking you.
16. I wish to wash my Irish wristwatch.
17. Near an ear, a nearer ear, a nearly eerie ear.
18. Eddie edited it.
19. Willie's really weary.
20. A big black bear sat on a big black rug.
21. Tom threw Tim three thumbtacks.
22. He threw three free throws.
23. Nine nice night nurses nursing nicely.
24. So, this is the sushi chef.
25. Four fine fresh fish for you.
26. Wayne went to wales to watch walruses.
27. I slit the sheet, the sheet I slit, and on the slitted sheet I sit.
28. A skunk sat on a stump and thunk the stump stunk, but the stump thunk the skunk stunk.
29. Lesser leather never weathered wetter weather better.
30. Of all the vids I've ever viewed, I've never viewed a vid as valued as Alex's engVid vid.

2. 영어 기내방송 연습

1) 정상적 상황

(1) FLIGHT NO. & BAGGAGE SECURING

승객이 듣게 되는 최초의 기내방송이므로 서두르는 느낌 없이 천천히 정확하게 시행한다.

> Ladies and gentlemen, welcome to OO Airlines flight OO bound for OO airport. Please check your flight number. Electronic devices must now be switched to flight mode. Also, please keep bags in the overhead bins or under the seat. Thank you.

탑승이 이루어지고 있는 어수선한 분위기이므로 명확하고 크게 방송하며 형식적으로 이루어지지 않도록 주의한다. 또한 기내에서 하는 첫 방송이자 안전에 관한 주의사항이 담긴 방송이므로 더욱 신경 써서 천천히 시행한다.

방송할 때 쉼 없이 줄줄 읽는다는 느낌보다는 Pause를 충분히 두고 시행한다.

(2) WELCOME : GENERAL

승객에게 가장 기억에 남는 기내방송이므로 환영과 감사의 뜻이 잘 표현되도록 시행한다.

Ladies and gentlemen, welcome to OO Airlines flight OO bound for OO airport. Flying us today is Captain OO and the chief purser is OO. Our flight time will be OO hours and OO minutes. If you need any assistance, please let us know. Soon, we will show a safety information video. In addition, please follow the instructions of the cabin crew. Thank you for flying OO Airlines, We hope you enjoy the flight. Thank you.

WELCOME 방송은 비행정보의 제공, 대 고객 환영, 안전관련 정보 제공 등을 목적으로 시행하는 방송이므로 감정전달에 주의하고 정성스럽게 시행한다.

(3) PAX BRIEFING

정확한 정보의 전달을 주요 목적으로 하는 방송이므로 내용의 영상화를 위해 기내방송 내용과 시연자의 시행이 일치되도록 주의한다.

감정을 배제하고 다른 방송내용에 비해 크게 그리고 안전한 비행을 위한 진중한 태도로 시행한다.

Ladies and gentlemen, this is the passenger safety briefing.

There are OO exits in the aircraft for emergency evacuation. In case of an emergency evacuation, please follow the emergency lights in the cabin.

Passengers in an emergency exit seat must help others evacuate following the instruction of the cabin crew.

To fasten the seatbelt, insert the metal tong into the buckle and pull the loose end for tightening. To unfasten, lift the metal cover.

In case of cabin decompression, oxygen masks will drop. Pull the mask to you and cover your nose and mouth with the mask, then adjust the head band. In case of a water landing, a life vest is located under your seat.

To put the vest on, slip it over your head, place the strap around your waist, and fasten. Tighten your vest by pulling down on the strap.

To inflate the vest, pull down on the red tabs. For more air, blow into the tubes on each side of the vest.

Please review the safety information card. Thank you.

(4) TAKE-OFF

중간 톤으로 천천히 명료하게 시행한다.

Ladies and gentlemen, we will take off soon. Please fasten your seatbelt. Thank you.

(5) SEATBELT SIGN OFF

의미에 맞도록 끊어 읽기와 받침발음에 유의하며 자연스럽게 시행한다.

Ladies and gentlemen, the seatbelt sign is off. However, we may experience some unexpected turbulence during the flight. Please fasten your seatbelt while you are seated. Also, smoking is not permitted. When opening the overhead bins, be careful of bags that may fall out and injure you or other passengers. If you need help with the overhead bins, please let us know.

(6) SVC PLAN & SEATBELT SIGN OFF

밝은 톤으로 친절하고 믿음이 가도록 천천히 시행한다.

Ladies and gentlemen, we would like to inform you of our service today. Soon, we will serve drinks and meals. Following the meal, duty free items will be on sale. We will serve drinks and meals OO hour(s) and OO minutes before landing.
We may experience some unexpected turbulence during the flight. Please fasten your seatbelt while you are seated. Also, smoking is not permitted. When opening the overhead bins, be careful of bags that may fall out and injure you or other passengers. If you need any assistance, please let us know. We hope you enjoy the flight.

(7) 10,000 ft. SIGN ON

착륙 전 기내 안전에 관한 중요한 내용을 담고 있는 방송문이므로 승객 주의를 집중시키기 위한 적절한 Volume과 속도를 유지하며 시행한다.

Ladies and gentlemen, we will soon land at OO airport. Please stay seated and fasten your seat belt. Return your seat back, and tray table upright and open the window shade. Please put bags in the overhead bins, or under the seat. Thank you for your understanding.

(8) FAREWELL

탑승객에 대한 감사의 마음을 담아 밝고 정성스럽게 시행한다.

Ladies and gentlemen, welcome to OO airport. The time here in (city) is OO(am/pm) on (day/month/date).
Please remain seated until the seatbelt sign is off. When opening the overhead bins, be careful of bags that may fall out. Thank you for flying OO Airlines. We hope to see you again soon.

비행기가 착륙한 후 소음이 진정된 이후에 실시하는 방송이므로 승객들의 집중도가 매우 높은 기내방송이다.

또한 도착지의 정보와 안전 관련 사항, 그리고 승객과의 헤어짐을 아쉬워하는 마음이 잘 표현되어야 하기 때문에 환영인사 방송과 더불어 '기내방송의 꽃'이라고 할 수 있다.

만약 공항명과 지명이 다른 경우 지명을 먼저 말하고, 이어서 공항명을 넣어 방송하도록 한다. 만약 착륙 DELAY가 5분 이상 발생한 경우 기장에게 정확한 사유를 전달받아 주임 사무장(캐빈 매니저)에게 보고하고 방송을 시행한다.

2) 비정상상황

(1) DELAY(GENERAL)

Ladies and gentlemen, we are waiting for some passengers to complete check-in. (we are waiting for some passengers to board./we are waiting for cargo to load./we are waiting for some meal items to be loaded.) We will depart as soon as we can (in about OO hour(s) and OO minutes). We apologize for the inconvenience and thank you for your understanding.

(2) DELAY(BAD WEATHER)

Ladies and gentlemen,

[First Inform]

we are being delayed because of dense fog (heavy snow/heavy rain/strong winds/yellow sand/an earthquake) at OO airport. We will update you soon.

[Re-inform]

the weather at OO airport has not improved. We expect to depart in about OO minutes. A decision will be made following the next weather check.

[Weather Improved]

the weather at OO airport has improved. We expect to depart in about OO hour(s) and OO minutes. Thank you for your understanding and patience.

(3) DOCTOR PAGING

Ladies and gentlemen,

we have a passenger who requires emergency medical attention.

If there is a medical doctor on board, please inform any of our cabin crew.

Thank you.

(4) NO SMOKING

Ladies and gentlemen,

please note that smoking is strictly prohibited in the cabin and the lavatories during the flight. Your cooperation is much appreciated.

Thank you.

(5) TURBULENCE

Ladies and gentlemen,

[Experiencing]

we are experiencing some turbulence. Please fasten your seatbelt.

[Continued]

repeating announce again, we are experiencing some turbulence. Please keep your seatbelt fastened.

[Stop service]

we are sorry that we will be unable to complete our service until the turbulence ends. Thank you for your understanding.

(6) DIVERSION

Ladies and gentlemen,

due to dense fog at OO airport, it has been impossible for us to land. We will try our best to take you to your destination as soon as possible and give you further information.

Thank you.

(7) CIRCLING

Ladies and gentlemen,

we are now circling around the airport due to the heavy air traffic at

OO airport.

we will land right after we get the landing permission from the air

traffic control tower. Thank you.

3) 비상상황

(1) FIRE IN THE CABIN

[Inform]

Ladies and gentlemen, a minor fire broke out in the rear (front, middle) of the cabin. The crews are attending to it. Passengers sitting close to that area please follow the instructions of the cabin attendants. Please remain seated and fasten your seat-belt.

[Re-inform]

Ladies and gentlemen, the fire has been completely put out. We will be arriving on schedule at OO airport in OO hour(s) OO minutes. We apologize for any disturbance caused. Thank you.

(2) CABIN DEPRESSURIZATION

[Emergency Descent]

Ladies and gentlemen, this is an emergency descent due to cabin depressurization. Please remain in your seat and fasten your seat-belt. The oxygen masks will automatically drop from the compartments above. Pull the mask down, and place the mask over your nose and mouth. Slip the elastic band over your head. Please remain calm and breathe normally. Your oxygen supply is now regulated. Thank you.

[After Depressurization]

Ladies and gentlemen, the plane has achieved a safe altitude and is in a normal situation now. Passenger who do not need oxygen may take off the oxygen mask. If you need help, please press the call button. Thank you.

쉬어가기

■ **항공사들의 유머넘치는 기내방송 II**

어느 기장은 welcome 방송에서 "OO항공은 세계에서 가장 우수한 객실승무원들을 보유하고 있습니다. 다만 유감스럽게도 이 비행기에는 타고 있지 않습니다."

"저희 OO항공을 이용해 주셔서 감사합니다. 저희는 여러분을 사랑합니다. 그리고 승객 여러분의 돈도 사랑합니다."

"비행기에서 내리실 때에는 수화물을 잃어버리는 일이 없도록 주의 부탁드립니다. 잊으신 물건은 공평하게 승무원들이 나누어 가집니다. 특히 아이나 배우자를 잃어버리지 않도록 주의하십시오."

"도착지의 기온은 10도로 아직 구름이 잔뜩 끼어 있습니다만 도착 시까지 맑게 해보겠습니다. 오늘 저희 OO항공을 이용해 주셔서 감사합니다. 다른 항공사는 저희 OO항공 만큼 고객이나 고객의 돈을 소중히 생각해 주지 않는다는 점을 잊지 말아 주시기 바랍니다."

다소 거친 착륙을 한 후, "승객여러분, 캥거루 기장이 우리를 튀게 했습니다. 터미널에 도착할 때까지 좌석에 앉아 기다려 주시기 바랍니다."

"오늘 저희 OO항공을 이용해 주셔서 감사합니다. 다음에도 압력이 걸린 금속튜브로 하늘을 관통하고 싶은 충동에 사로잡힐 때에는 꼭 저희 OO항공을 이용해 주십시오."

바람이 매우 강해 어려움을 겪은 끝에 착륙 후, "여러분 OO에 도착했습니다. 당분간은 좌석에 앉아 계시고 좌석벨트를 풀지 말아 주십시오. 기장이 우선 나머지 기체 반쪽을 게이트에 이동할 것입니다."

- 자료 참고 : 블로그 블루윙 -

APPENDIX

부록

CHAPTER

부록

1. 중국어 기내방송

1) 중국어의 이해

(1) 중국어 음절 구조

중국어는 '표의문자'로, 한 개의 한자마다 한 개의 음절이 존재한다. '표의문자'는 사물의 형상을 본뜨거나 그림으로 표현해 의미를 담은 문자로, '표음문자'인 한글처럼 글자 자체가 소리를 표현하지 못하기 때문에 중국어는 로마자 알파벳에 성조(음의 높낮이)를 함께 표기하여 음을 나타내는데 이를 '한어병음(汉语拼音)'이라 한다.

중국어의 음절은 우리말 자음과 유사한 '성모'와 모음과 유사한 '운모', 그리고 음의 높낮이를 나타내는 '성조'로 이루어져 있다.

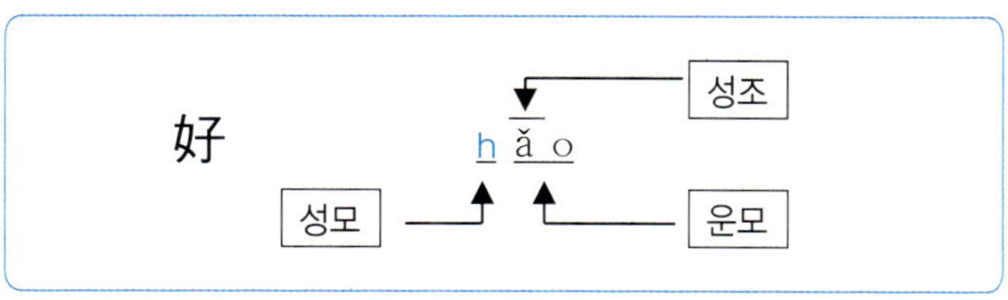

(2) 성모와 운모

① 중국어 성모는 우리말 자음 'ㄱ, ㄴ, ㄷ, ……' 처럼 음절의 첫 머리에 오는 소리를 말한다. 성모 21개의 표기와 발음은 다음과 같다.

성모	발음 위치
b [bo]뽀 **p** [po]포 **m** [mo]모	쌍순음 : 윗입술과 아랫입술 소리
f [fo]포(f)	순치음 : 윗니와 아랫입술 소리
d [de]떠 **t** [te]터 **n** [ne]너 **l** [le]러	설첨음 : 혀끝과 윗잇몸 소리
g [ge]꺼 **k** [ke]커 **h** [he]허	설근음 : 혀뿌리와 입천장 소리
j [ji]지 **q** [qi]치 **x** [xi]시	설면음 : 혓바닥과 입천장 소리
zh [zhi]즐 **ch** [chi]츨 **sh** [shi]슬 **r** [ri]릍	설첨후음 : 혀끝과 입천장 소리
z [zi]쯔 **c** [ci]츠 **s** [si]쓰	설첨전음 : 혀끝과 이 소리

② 중국어 운모는 우리말 모음 'ㅏ, ㅑ, ㅓ, ㅕ, ……'와 유사하며, 중국어 음절에서 성모를 제외한 나머지 부분이 모두 운모에 해당된다.

중국어 운모는 가장 기본이 되는 단운모(6개)와 복운모, 비운모, 권설운모, 결합운모로 나눌 수 있다. 운모 36개의 표기와 발음은 다음과 같다.

일반 운모	**단운모**	**a** 아	**o** 오	**e** 어	**i** 이	**u** 우	**ü** 위
	복운모	ai 아이	ei 에이	ao 아오	ou 오우		
	비운모	an 안	en 언	ang 앙	eng 엉	ong 옹	
	권설운모			er 얼			
결합운모		ia 이아	ie 이에	iao 이아오	iou 이오우	ian 이앤	
		in 인	iang 이앙	ing 잉	iong 이옹		
		ua 우아	uo 우오	uai 우아이	uei 우에이	uan 우안	
		uen 운	uang 우앙	ueng 우엉			
		üe 위에	üan 위앤	ün 윈			

(3) 성조

중국어는 동일한 음절이라도 음의 높낮이에 따라 뜻이 달라지는데, 이러한 음의 높낮이를 '성조'라 한다.

중국어는 1성, 2성, 3성, 4성 이렇게 네 가지의 기본 성조와 하나의 음절이 본래의 성조를 잃은 채 짧고 가볍게 발음되는 '경성'이 있다. '경성'은 1성, 2성, 3성, 4성과는 달리 아무런 부호도 표기하지 않으며, 앞 음절의 성조에 따라 그 높이가 달라진다.

1성	2성	3성	4성
mā	má	mǎ	mà

1성 : 비교적 높은 '솔'음에서 시작해서 그대로 '솔'음으로 끝나는 소리로, 음에 흔들림이 없고 평탄하며, 길게 내는 소리이다.

ex) mā (妈, 엄마)

2성 : '미' 정도의 중간 음에서 시작해서 비교적 높은 '솔'음까지 빠르게 올라가는 소리이다.

ex) má (麻, 삼베 · 마직물)

3성 : '레' 정도의 낮은 음에서 시작해서 '도'음까지 내려갔다가 다시 '파'음 정도로 천천히 올라가는 소리이다.

ex) mǎ (马, 말(동물))

4성 : 비교적 높은 '솔'음 정도에서 가장 낮은 음까지 강하고 빠르게 아래로 떨어지는 소리이다.

ex) mà (骂, 욕하다)

경성 : 음의 높낮이에 대한 특별한 변화 없이 스타카토처럼 짧고 가볍게 발음하는 소리이다.

(4) 성조 부호 표기법

① 성조 부호는 운모 'a , o , e , i , u , ü' 위에 표기한다.

② 두 개 이상의 운모로 구성된 음절의 경우에는 'a 〉 o 〉 e 〉 i = u 〉 ü' 우선 순위로 성조 부호를 표기한다.

ex) nǐhǎo (你好, 안녕하세요) lǎoshī (老师, 선생님)

③ 'i'와 'u'가 함께 나올 경우에는 순서와 상관없이 뒤에 있는 운모 위에 성조 부호를 표기한다.

ex) liù (六, 6 · 여섯) duì (对, 맞다)

④ 운모 ' i ' 위에 성조 부호를 붙일 때는 ' i ' 위의 점을 빼고 표기한다.

ex) nǐ (你, 너 · 당신)

⑤ 'a, o, e'로 시작하는 음절이 다른 음절의 뒤에 연이어 쓰일 경우에는 음절 간의 경계를 분명히 하기 위해 'a, o, e' 앞에 별도의 격음부호 [']를 넣는다.

ex) kě'ài (可爱, 사랑스럽다 · 귀엽다)

⑥ 경성은 성조표기를 하지 않는다.

ex) 谢谢 xièxie

2) 중국어 기내방송 기법

(1) 편명

편명을 읽을 때에는 각각 한자리 단위로 끊어서 읽고, 숫자 '1'은 원래 발음인 'yī'가 아닌 'yāo'로 읽는다.

ex) MU5041　　MU 五零四一 (wǔ líng sì yāo)

0	1	2	3	4	5	6	7	8	9	10
零	一	二	三	四	五	六	七	八	九	十
líng (링)	yī (이)	èr (얼)	sān (싼)	sì (쓰)	wǔ (우)	liù (리우)	qī (치)	bā (빠)	jiǔ (지우)	shí (슬)

(2) 시간

시간을 표현할 때에는 숫자 뒤에 '시'를 의미하는 '点(diǎn, 디엔)'과 '분'을 의미하는 '分(fēn, 펀)'을 넣는다. 중국어 시간표현은 '点(diǎn, 디엔)', '分(fēn, 펀)' 이외에도 '30분'을 의미하는 '半(bàn, 빤)이나 '15분'을 의미하는 '刻(kè, 커), '모자라다'라는 의미의 '差(chà, 차)' 등을 넣어 다양하게 표현할 수 있지만 기내방송 시에는 정확한 내용 전달을 위해 '点(diǎn, 디엔)'과 '分(fēn, 펀)'으로 시간을 표현한다.

숫자 '2' 뒤에 '点(diǎn, 디엔)'이나 '分(fēn, 펀)'과 같은 양사가 오면, 二(èr, 얼) 대신 两(liǎng, 리앙)으로 읽고, 두 자리 이상의 수와 서수의 경우에는 숫자 '2' 뒤에 양사가 오더라도 원래대로 '二(èr, 얼)'로 읽는다.

10분 미만인 1분 ~ 9분까지는 숫자 앞에 '零(líng, 0)'을 넣어 명확히 시간을 표현한다.

ex) 2 : 00 两点 (liǎng diǎn)

3 : 05 三点零五分 (sān diǎn líng wǔ fēn)

6 : 15 六点十五分 (liù diǎn shíwǔ fēn)

11 : 30 十一点三十分 (shíyī diǎn sānshí fēn)

시	분	30분, 1/2	15분	초	부족하다
点	分	半	刻	秒	差
diǎn (디엔)	fēn (펀)	bàn (빤)	kè (커)	miǎo (미아오)	chà (차)

시간대를 구분하는 표현은 다음과 같다.

아침	오전	점심	오후	저녁
早上	上午	中午	下午	晚上
zǎoshang (쟈오샹)	shàngwǔ (샹우)	zhōngwǔ (쭝우)	xiàwǔ (시아우)	wǎnshang (완샹)

(3) 날짜(월, 일)

'월'을 표현할 때에는 숫자 뒤에 '월'을 의미하는 '月(yuè, 위에)'를 붙여주고, '일'은 숫자 뒤에 서면어 '日(rì, 르)'나 구어 '号(hào, 하오)'를 붙인다.

ex) 5월 21일　五月二十一日　(wǔyuè èrshíyīrì)

1월	2월	3월	4월	5월	6월
一月	二月	三月	四月	五月	六月
yīyuè (이위에)	èryuè (얼위에)	sānyuè (싼위에)	sìyuè (쓰위에)	wǔyuè (우위에)	liùyuè (리우위에)
7월	**8월**	**9월**	**10월**	**11월**	**12월**
七月	八月	九月	十月	十一月	十二月
qīyuè (치위에)	bāyuè (빠위에)	jiǔyuè (지우위에)	shíyuè (슬위에)	shíyīyuè (슬이위에)	shíèryuè (슬얼위에)

1일	10일	15일	20일	30일	31일
一日 一号	十日 十号	十五日 十五号	二十日 二十号	三十日 三十号	三十一日 三十一号
yīrì (이르) yīhào (이하오)	shírì (슬르) shíhào (슬하오)	shíwǔrì (슬우르) shíwǔhào (슬우하오)	èrshírì (얼슬르) èrshíhào (얼슬하오)	sānshírì (싼슬르) sānshíhào (싼슬하오)	sānshíyīrì (싼슬이르) sānshíyīhào (싼슬이하오)

(4) 요일

'요일'을 표현할 때에는 일반적으로 '요일'을 의미하는 '星期(xīngqī, 씽치)' 뒤에 숫자를 붙인다. 단, 월요일부터 토요일까지는 숫자 1(一, yī, 이)부터 6(六, liù, 리우)까지를 넣어 표현하지만 일요일은 '星期七(xīngqīqī)' 가 아닌 '星期天(xīngqītiān, 씽치티엔)'이나 '星期日(xīngqīrì, 씽치르)'라고 표현한다.

월요일	화요일	수요일	목요일	금요일	토요일	일요일
星期一	星期二	星期三	星期四	星期五	星期六	星期天 星期日
xīngqīyī (씽치이)	xīngqīèr (씽치얼)	xīngqīsān (씽치싼)	xīngqīsì (씽치쓰)	xīngqīwǔ (씽치우)	xīngqīliù (씽치리우)	xīngqītiān (씽치티엔) xīngqīrì (씽치르)

2. 중국어 기내방송 연습

1) 정상적 상황

(1) 탑승편 안내 및 짐 보관

승객이 듣게 되는 최초의 기내방송이므로 서두르는 느낌 없이 천천히 정확하게 시행한다.

女士们、先生们：

nǚ shì men、xiān sheng men ：

本架飞机是由___飞往___的___航班。

běn jià fēi jī shì yóu___fēi wǎng___de___háng bān 。

为了安全，请将您的行李放在行李架内或座椅下方。

wéi le ān quán ，qǐng jiāng nín de xíng li fàng zài xíng lǐ jià nèi huò zuò yǐ xià fāng 。

打开行李架时请小心行李滑落。

dǎ kāi xíng lǐ jià shí qǐng xiǎo xīn xíng li huá luò 。

谢谢。

xiè xie。

(2) 환영인사

승객에게 가장 기억에 남는 기내방송이므로 환영과 감사의 뜻이 잘 표현되도록 시행한다. 환영인사 방송은 비행정보의 제공, 대 고객 환영, 안전관련 정보 제공 등을 목적으로 시행하는 방송이므로 감정전달에 주의하고 정성스럽게 시행한다.

尊敬的各位旅客：您好！

zūn jìng de gè wèi lǚ kè ：nín hǎo ！

欢迎您乘坐_____航空 _____航班前往_____。

huān yíng nín chéng zuò _____háng kōng _____háng bān qián wǎng _____。

本次航班与_____航空公司_____航班实施代码共享。

běn cì háng bān yǔ _____háng kōng gōng sī _____háng bān shí shī dài mǎ gòng xiǎng 。

由_____到_____的空中飞行时间预计_____小时____分钟。

yóu _____dào _____de kōng zhōng fēi xíng shí jiān yù jì _____xiǎo shí ____fēn zhōng 。

本次航班的机长_____先生，客舱经理_____小姐，及全体机组人员很荣幸能为您服务。

běn cì háng bān de jī zhǎng _____xiān sheng , kè cāng jīng lǐ _____xiǎo jiě , jí quán tǐ jī zǔ rén yuán hěn róng xìng néng wéi nín fú wù 。

旅途中，如果您需要帮助，请随时告诉我们。

lǚ tú zhōng , rú guǒ nín xū yào bāng zhù , qǐng suí shí gào sù wǒ men 。

祝您旅途愉快！

zhù nín lǚ tú yú kuài ！

谢谢！

xiè xie ！

(3) 승객 브리핑

정확한 정보의 전달을 주요 목적으로 하는 방송으로 내용의 영상화를 위해 기내방송 내용과 시연자의 시행이 일치되도록 주의한다.

감정을 배제하고 다른 방송내용에 비해 크게, 그리고 안전한 비행을 위한 진중한 태도로 시행한다.

女士们、先生们：

nǚ shì men、xiān sheng men ：

现在我们为您进行客舱安全设备示范。

xiàn zài wǒ men wéi nín jìn xíng kè cāng ān quán shè bèi shì fàn 。

本架飞机的紧急出口在客舱的左右侧。

běn jià fēi jī de jǐn jí chū kǒu zài kè cāng de zuǒ yòu cè 。

使用安全带时，将连接片插入锁扣内。解开时，先将锁扣打开，拉出连接片。

shǐ yòng ān quán dài shí ，jiāng lián jiē piàn chā rù suǒ kòu nèi 。jiě kāi shí ，xiān jiāng suǒ kòu dǎ kāi , lā chū lián jiē piàn 。

发生紧急情况时，面罩会自动脱落。氧气面罩脱落后，要用力向下拉面罩。将面罩罩在口鼻处，带子套在头上。

fā shēng jǐn jí qíng kuàng shí , miàn zhào huì zì dòng tuō luò 。yǎng qì miàn zhào tuō luò hòu ，yào yòng lì xiàng xià lā miàn zhào 。jiāng miàn zhào zhào zài kǒu bí chù ，dài zi tào zài tóu shàng 。

飞机在水上迫降时，从座椅下面取出救生衣。
fēi jī zài shuǐ shàng pò jiàng shí , cóng zuò yǐ xià miàn qǔ chū jiù shēng yī。

使用时，经头部穿好，将带子扣好、系紧。
shǐ yòng shí ，jīng tóu bù chuān hǎo ，jiāng dài zi kòu hǎo 、jì jǐn 。

逃离至紧急出口处方可打开充气阀门，如果充气不足，可将人工充气管拉出，用嘴向里充气。
táo lí zhì jǐn jí chū kǒu chù fāng kě dǎ kāi chōng qì fá mén ，rú guǒ chōng qì bù zú ，kě jiāng rén gōng chōng qì guǎn lā chū ，yòng zuǐ xiàng lǐ chōng qì 。

安全说明书在您座椅前面的口袋里，请您仔细阅读。
ān quán shuō míng shū zài nín zuò yǐ qián miàn de kǒu dài lǐ ，qǐng nín zǐ xì yuè dú 。

谢谢。
xiè xie。

(4) 이륙 안내

중간 톤으로 천천히 명료하게 시행한다.

女士们、先生们：

nǚ shì men 、xiān sheng men ：

飞机马上就要起飞了，请您再次确认安全带已扣好系紧。

fēi jī mǎ shàng jiù yào qǐ fēi le ，qǐng nín zài cì què rèn ān quán dài yǐ kòu hǎo jì jǐn 。

谢谢！

xiè xie ！

(5) SEATBELT SIGN OFF

의미에 맞도록 끊어 읽기와 발음에 유의하여 자연스럽게 시행한다.

女士们、先生们：

nǚ shì men 、xiān sheng men ：

现在安全带的指示灯已经熄灭了。

xiàn zài ān quán dài de zhǐ shì dēng yǐ jīng xī miè le 。

为防止意外颠簸， 我们建议您全程系好安全带。

wéi fáng zhǐ yì wài diān bǒ ，wǒ men jiàn yì nín quán chéng jì hǎo ān quán dài 。

打开行李架时请小心行李滑落，现在您可以使用手提电脑等物品。

dǎ kāi xíng lǐ jià shí qǐng xiǎo xīn xíng li huá luò ，xiàn zài nín kě yǐ shǐ yòng shǒu tí diàn nǎo děng wù pǐn 。

乘坐我们OO航空的会员们根据旅行累计次数可以获得不同的优惠。

chéng zuò wǒ men OOháng kōng de huì yuán men gēn jù lǚ xíng lèi jì cì shù kě yǐ huò dé bù tóng de yōu huì 。

如果需要获得更多资讯，请您参阅座椅前面口袋里的机上杂志。

rú guǒ xū yào huò dé gèng duō zī xùn ，qǐng nín cān yuè zuò yǐ qián miàn kǒu dài lǐ de jī shàng zá zhì 。

谢谢。

xiè xie 。

(6) 기내서비스 소개

밝은 톤으로 친절하고 믿음이 가도록 천천히 시행한다.

女士们、先生们：

nǚ shì men 、xiān sheng men ：

本次航班的 OO名客舱乘务员很荣幸为您服务。

běn cì háng bān de OOmíng kè cāng chéng wù yuán hěn róng xìng wéi nín fú wù 。

旅途中，如果您需要帮助，请随时告诉我们。

lǚ tú zhōng ，rú guǒ nín xū yào bāng zhù ，qǐng suí shí gào sù wǒ men 。

稍后，我们将为您提供餐食酒水服务。随后机上有各种免税商品欢迎选购。

shāo hòu ，wǒ men jiāng wéi nín tí gōng cān shí jiǔ shuǐ fú wù 。suí hòu jī shàng yǒu gè zhǒng miǎn shuì shāng pǐn huān yíng xuǎn gòu 。

接着给大家放映两部电影，飞机到达前会再次提供饮料和快餐。

jiē zhe gěi dà jiā fàng yìng liǎng bù diàn yǐng ，fēi jī dào dá qián huì zài cì tí gōng yǐn liào hé kuài cān 。

如果需要获得更多资讯，请您参阅座椅前面口袋里的机上杂志第21页。

rú guǒ xū yào huò dé gèng duō zī xùn ，qǐng nín cān yuè zuò yǐ qián miàn kǒu dài lǐ de jī shàng zá zhì dì 21yè 。

谢谢！

xiè xiè ！

(7) 10,000 ft. SIGN ON

착륙 전 기내 안전에 관한 중요한 내용을 담고 있는 방송문이므로 승객 주의를 집중시키기 위한 적절한 Volume과 속도를 유지하며 시행한다.

女士们、先生们：

nǚ shì men 、xiān sheng men ：

稍后我们的飞机将抵达 OO机场。

shāohòu wǒmen de fēi jī jiāng dǐdá OO Jīchǎng

现在飞机已经开始下降，请您系好安全带，收起小桌板，调直座椅靠背，打开 遮光板。请把手提物品以及手提电脑，放回行李架原来的地方或座椅下方。

xiànzài fēijī yǐjīng kāishǐ xiàjiàng, qǐng nín jìhǎo ānquándài shōu qǐ xiǎo zhuō bǎn, tiáozhí zuòyǐ kàobèi dǎkāi zhēguāngbǎn。

请把手提物品以及手提电脑，放回行李架原来的地方或座椅下方。

qǐng bǎ shǒutí wùpǐn yǐjí shǒutí diànnǎo, fànghuí xínglǐjià yuánlái de Dìfang huò zuòyǐ xiàfāng。

飞机下降过程中，卫生间已停止使用，谢谢您的合作。

fēijī xiàjiàng guòchéng zhōng, wèishēngjiān yǐ tíngzhǐ shǐyòng, xiè xie nín de hézuò。

(8) 하기인사(환송)

탑승객에 대한 감사의 마음을 담아 밝고 정성스럽게 시행한다.

尊敬的各位旅客：

zūn jìng de gè wèi lǚ kè ：

飞机已经降落在 ____机场。

fēi jī yǐ jīng jiàng luò zài ____jī chǎng 。

对于航班延误我代表全体机组向您深表歉意，感谢您的谅解。

duì yú háng bān yán wù wǒ dài biǎo quán tǐ jī zǔ xiàng nín shēn biǎo qiàn yì ，gǎn xiè nín de liàng jiě 。

飞机还没有完全停稳，为了您的安全，请您在座位上坐好，在“安全带”指示灯熄灭之前，请不要离开自己的座位。

fēi jī hái méi yǒu wán quán tíng wěn ，wéi le nín de ān quán ，qǐng nín zài zuò wèi shàng zuò hǎo ，zài “ān quán dài ”zhǐ shì dēng xī miè zhī qián ，qǐng bú yào lí kāi zì jǐ de zuò wèi 。

打开行李架时请小心行李滑落。下机时，请再次检查一下您座位前的口袋，以免遗漏私人物品。

dǎ kāi xíng lǐ jià shí qǐng xiǎo xīn xíng li huá luò 。xià jī shí ，qǐng zài cì jiǎn chá yī xià nín zuò wèi qián de kǒu dài ，yǐ miǎn yí lòu sī rén wù pǐn 。

各位旅客，感谢您一路对我们的支持，我们乘务员将不断地努力，为您提供更加无微不至的服务。

gè wèi lǚ kè , gǎn xiè nín yī lù duì wǒ men de zhī chí , wǒ men chéng wù yuán jiāng bù duàn de nǔ lì , wéi nín tí gōng gèng jiā wú wēi bù zhì de fú wù 。

祝您旅途愉快！ 谢谢！

zhù nín lǚ tú yú kuài ！ xiè xie ！

3. 일본어 기내방송

1) 일본어의 이해

(1) 일본어 문자

일본어는 상당히 복잡한 체계의 문자로 히라가나(ひらがな), 가타카나(カタカナ), 한자(漢字), 로마자 이렇게 네 종류로 표기되며, 문장은 한자와 가나(히라가나와 가타카나)를 섞어서 쓴다.

히라가나는 한자의 초서체에서 유래된 문자로 한자의 획을 이어 간단히 만들어졌기 때문에 글자모양이 부드럽고 곡선인 것이 특징이며, 현대 일본어에서 일상언어를 표현하는 데 사용된다.

가타카나는 한자의 일부를 떼어 만든 문자로 다소 딱딱한 느낌이 드는 것이 특징이며, 제한적으로 사용되는데 외래어, 의성어, 의태어, 동식물의 이름(고유명사), 전문용어, 그리고 특별히 강조하고 싶은 부분에 주로 쓰인다.

일본어 한자는 단어의 뜻을 살려서 읽는 훈독(訓讀)과 소리만을 나타내는 음독(音讀) 이렇게 두 가지 방법으로 읽을 수 있다.

로마자는 일본어를 로마자로 표기하여 나타낼 때 쓰이는데 주로 도로명이나 역명 등을 표기할 때 한자, 그리고 히라가나와 함께 사용된다.

■ 히라가나표

	あ단	い단	う단	え단	お
あ행	あ a	い i	う u	え e	お o
か행	か ka	き ki	く ku	け ke	こ ko
さ행	さ sa	し shi	す su	せ se	そ so
た행	た ta	ち chi	つ tsu	て te	と to
な행	な na	に ni	ぬ nu	ね ne	の no
は행	は ha	ひ hi	ふ hu	へ he	ほ ho
ま행	ま ma	み mi	む mu	め me	も mo
や행	や ya		ゆ yu		よ yo
ら행	ら ra	り ri	る ru	れ re	ろ ro
わ행	わ wa				を o
	ん n/m/ng				

(2) 일본어의 발음

일본어의 소리는 청음(清音), 탁음(濁音), 반탁음(半濁音), 요음(拗音), 촉음(促音), 발음(撥音), 장음(長音)이 있다.

① 청음(清音)에는 모음(母音), 반모음(半母音), 자음(子音)이 있다.

가. 모음은 あ(아), い(이), う(우-으 중간발음), え(에), お(오) 5개의 기본 모음이 있다.

나. 반모음은 や(야), ゆ(유), よ(요), わ(와), を(오), ん(뒤에 오는 소리에 따라 'ㄴ, ㅁ, ㅇ'의 받침으로만 쓰임)가 있다.

다. 자음에는 か행, さ행, た행, な행, は행, ま행, ら행의 청음과 が행, ざ행, だ행, ば행에 탁점「゛」가 붙어있는 탁음 ,그리고 ぱ행에 반탁점「゜」가 붙어 있는 반탁음이 있다.

② 요음(拗音)은 い단의 자음 뒤에 반모음 や(야), ゆ(유), よ(요)를 작게 붙여 표기하며, 두 글자를 합쳐 한 글자로 취급하고 하나의 소리(1박자)로 발음한다.

③ 촉음(促音)은 히라가나인 'っ'와 가타카나인 'ッ'를 작게 붙여 표기하고, 한 글자로 취급한다. 뒤에 오는 소리에 따라 발음이 달라지므로 주의해야 하며, 발음할 때에는 다른 글자와 같이 하나의 소리(1박자)로 발음한다. 특히 발음해야 할 곳에서 발음하지 않으면 단어의 의미가 달라지므로 주의해야 한다.

④ 발음(撥音) ん는 어두에 쓰지 않고 단독으로도 쓰지 않는 글자로 촉음과 동일하게 뒤에 오는 소리에 따라 발음이 달라지므로 주의해야 한다. 발음할 때에는 다른 글자와 같이 하나의 소리(1박자)로 발음한다.

⑤ 장음(長音)은 모음이 두 개 이상 이어질 때 모음을 각각 발음하지 않고 뒤에 오는 모음은 발음하지 않은 채 앞의 모음을 1박자 더 길게 발음하는 것이다. 장음으로 발음할 곳을 장음으로 발음하지 않으면 단어의 의미가 달라지므로 주의해야 한다.

2) 일본어 기내방송 기법

(1) 편명

편명을 읽을 때에는 각각 한 자리 단위로 끊어서 읽고, 편명이 '0'으로 시작하는 경우에는 'まる(마루)' 또는 'ぜろ/ゼロ(제로)'로 읽는다. 편명 중간에 '0'이 오는 경우는 'まる(마루)'로 읽는다.

숫자 '4, 7, 9'는 표기와 발음이 2가지인데 발음의 편의를 위해 경우에 따라 다르게 읽는다. 일반적으로 'し(시)'는 죽을 사(死)의 발음과 동일하여 잘 사용하지 않는다.

ex) MM009　MMぜろぜろきゅう/ まるまるきゅう

0	1	2	3	4	5	6	7	8	9	10
まる/ぜろ(마루/제로)	いち(이치)	に(니)	さん(산)	し/よん/よ(시/욘/요)	ご(고)	ろく(로쿠)	しち/なな(시치/나나)	はち(하치)	きゅう/く(큐우/쿠)	じゅう(쥬우)

(2) 시간

시간을 표현할 때에는 숫자 뒤에 '시'를 의미하는 'じ(지)'와 '분'을 의미하는 'ふん(훈)', 'ぷん(푼/뿐)'을 넣는다. '분'을 표현할 때는 앞에 오는 숫자에 따라 'ふん(훈)'이나 'ぷん(푼/뿐)'으로 발음하는데 앞에 받침이 있는 글자가 오면 '푼/뿐'으로 발음하고, 받침이 없으면 '훈'으로 발음한다.

'7시'는 'ななじ'로 발음하지 않도록 해야 하며, 특히 '4시, 7시, 9시'는 유의하여 발음해야 한다. '2분, 5분, 7분, 9분'은 'ぷん(푼/뿐)'이 아닌 'ふん(훈)'으로 발음한다.

ex) 4 : 30 よじはん

12 : 15 じゅうにじじゅうごふん

1시	2시	3시	4시	5시	6시
いちじ (이치지)	にじ (니지)	さんじ (산지)	よじ (요지)	ごじ (고지)	ろくじ (로쿠지)
7시	**8시**	**9시**	**10시**	**11시**	**12시**
しちじ (시치지)	はちじ (하치지)	くじ (쿠지)	じゅうじ (쥬-지)	じゅういちじ (쥬-이치지)	じゅうにじ (쥬-니지)

5분	10분	15분	20분
ごふん (고훈)	じゅっぷん/ じっぷん (쥿-푼)(짓푼)	じゅうごふん (쥬우-고훈)	にじゅっぷん (니쥿-푼)
30분	**반(30분)**	**40분**	**50분**
さんじゅっぷん (산쥿-푼)	はん (항)	よんじゅっぷん (욘쥿-푼)	ごじゅっぷん (고쥿-푼)

시간대를 구분하는 표현은 다음과 같다.

아침	오전	점심	오후	저녁
朝	午前	昼	午後	夕方
あさ (아사)	ごぜん 고젠	お昼 히루(오히루)	ごご 고고	ゆうがた 유우가타

(3) 날짜(월, 일)

'월'을 표현할 때에는 숫자 뒤에 '월'을 의미하는 'がつ(가츠)'를 붙여주는데 '4월, 7월, 9월'은 표현의 변형이 있으니 주의해야 한다.

1일부터 10일까지의 표현은 정해져 있으나 11일부터는 숫자 뒤에 'にち(니찌)'를 붙이면 된다. '14일, 20일, 24일'은 표현의 변형이 있으니 주의해야 한다.

ex) 8월 11일　　はちがつ じゅういちにち

1월	2월	3월	4월	5월	6월
いちがつ (이치가츠)	にがつ (니가츠)	さんがつ (산가츠)	しがつ (시가츠)	ごがつ (고가츠)	ろくがつ (로꾸가츠)
7월	**8월**	**9월**	**10월**	**11월**	**12월**
しちがつ (시찌가츠)	はちがつ (하찌가츠)	くがつ (쿠가츠)	じゅうがつ (쥬우가츠)	じゅういちがつ (쥬우이치가츠)	じゅうにがつ (쥬우니가츠)

1일	2일	3일	4일	5일	6일	7일	8일
ついたち (츠이타치)	ふつか (후쯔까)	みっか (밋까)	よっか (욧까)	いつか (이츠까)	むいか (무이까)	なのか (나노까)	ようか (요우까)
9일	**10일**	**14일**	**20일**	**24일**	**30일**	**31일**	
ここのか (코코노까)	とおか (토오까)	じゅうよっか (쥬우욧까)	はつか (하츠까)	にじゅうよっか (니쥬우욧까)	さんじゅうにち (산쥬우니찌)	さんじゅういちにち (산쥬우이치니찌)	

(4) 요일

'요일'을 의미하는 'ようび(요우비)'가 반복되긴 하나 '요일'은 각각의 표현이 정해져 있다.

월요일	화요일	수요일	목요일	금요일	토요일	일요일
月曜日	火曜日	水曜日	木曜日	金曜日	土曜日	日曜日
げつようび (게츠요우비)	かようび (카요우비)	すいようび (스이요우비)	もくようび (모쿠요우비)	きんようび (킨요우비)	どようび (도요우비)	にちようび (니치요우비)

4. 일본어 기내방송 연습

1) 정상적 상황

(1) 탑승편 안내 및 짐 보관

승객이 듣게 되는 최초의 기내방송이므로 서두르는 느낌 없이 천천히 정확하게 시행한다.

ご案内いたします。

皆様、この飛行機はOO空港行き、OO航空OO便でございます。

出発前にご搭乗便名をお確かめください。スマートフォン等の電子機器はフライトモードにお切り替えください。お持ち込みのノートブック等の手荷物は上の棚、または前の座席の下にお入れください。割れ物や水漏れの恐れのある手荷物は必ず前の座席の下にお入れ下さい。ありがとうございます

(2) 환영인사

승객에게 가장 기억에 남는 기내방송이므로 환영과 감사의 뜻이 잘 표현되도록 시행한다. 환영인사 방송은 비행정보의 제공, 대고객 환영, 안전관련 정보 등을 목적으로 시행하는 방송이므로 감정전달에 주의하고 정성스럽게 시행한다.

皆様·おはようございます［こんにちは/こんばんは］。

OO航空OO便にご搭乗いただきまして、誠にありがとうございます。

離陸後·OO空港までの飛行時間は__時間 __分を予定しております。

この便の____________機長と____________キャビンマネージャーを始めとする客室乗務員たちは最善を尽くして丹念にあなたをお迎えいたします。

間もなく機内安全に関する

ビデオを上映いたします。機内保安要員である客室乗務員の指示に従ってください。

ありがとうございます。

(3) 승객 브리핑

정확한 정보의 전달을 주요 목적으로 하는 방송으로 내용의 영상화를 위해 기내방송 내용과 시연자의 시행이 일치되도록 주의한다.

감정을 배제하고 다른 방송내용에 비해 크게, 그리고 안전한 비행을 위한 진중한 태도로 시행한다.

皆様、非常用設備と非常口のご利用方法についてご案内いたします。

非常脱出の際、利用できる非常口は乗務員が指さす左右にあります。

非常脱出の際には・座席の側面の非常灯に従って脱出してください。

緊急非常時、非常口の席に座る乗客は乗務員の指示に従ってほかの乗客の脱出を手伝ってください。シートベルトは両方の輪を差し込んで自分の体に合わせてお締めて解く時にはフタを上げて引っ張ってください。腰の低い位置で、しっかりとお締めください。

機内に酸素供給が必要な時には棚の中にある酸素マスクが降りて来ます。

その時酸素マスクを自分の方に引っぱって呼吸を何回かしてひもを頭に合わせてお締めください。その時必ず鼻と口を覆います。緩い場合はマスクの横のひもを引っぱってマスクと顔の隙間をなくすようにします。マスクを強く引っ張り、口元にあて、紐を引いて 調節して下さい。

飛行機が海に緊急着水した場合に身につける救命胴衣は、みなさま方のお座席の下、あるいは肘掛のところにございます。救命胴衣は袋から取り出し、頭からすっぽりと被り脇の留金をしっかりとお締めて下さい。機内では膨らませず、乗務員の指示に従って下さい。強くひもを引っ張ると膨らみます。ふくらみが足りない場合には、左右に付いている吹き込み口から息を吹き入れて下さい。この飛行機の非常用設備、緊急脱出法につきましては座席前ポケットの安全のしおりをご覧ください。

ありがとうございます。

(4) 이륙 안내

중간톤으로 천천히 명료하게 시행한다.

皆様、間もなく離陸いたします。シートベルトをお締めかどうかもう一度お確かめください。ありがとうございます。

(5) SEATBELT SIGN OFF

의미에 맞도록 끊어 읽기와 발음에 유의하며 자연스럽게 시행한다.

皆様、シートベルト着用サインは消えましたが、突然の揺れに備え、座席にお座りの間は、常にシートベルトをお締めください。機内は通路・化粧室を含め全席禁煙でございます。飛行中、上の棚をお開けになる際、中の物が滑り出る恐れがありますので、十分にお気をつけください。お手伝いが必要なお客様は、客室乗務員にお知らせください。

(6) 기내서비스 소개

밝은 톤으로 친절하고 믿음이 가도록 천천히 시행한다.

皆様、楽しくて楽な旅行をため、飛行中提供されるサービスについてご案内致します。
間もなくお飲み物とお食事を提供し、つづいて機内免税品販売についてご案内致します。
（・・・・）到着OO時間OO分前 お飲み物とお食事をご用意いたします。
飛行中、突然の揺れに備え、座席にお座りの間は、常にシートベルトをお締めください。
機内は化粧室を含め、禁煙でございます。飛行中、上の棚をお開けになる際、中の物が滑り出 る恐れがありますので、十分にお気をつけください。
客室乗務員たちは最善を尽くして丹念にあなたをお迎えいたします。
お手伝いが必要なお客様は、客室乗務員にお知らせください。
ありがとうございます。

(7) 10,000 ft. SIGN ON

착륙 전 기내 안전에 관한 중요한 내용을 담고 있는 방송문이므로 승객 주의를 집중시키기 위한 적절한 Volume과 속도 유지하며 시행한다.

皆様、間もなく__空港に着陸いたします。当機は着陸に備え高度を下げてまいります。

お座席、テーブルは元の位置にお戻しになり、シートベルトをご着用ください。

座席の背もたれ、前のテーブル、アームレスト〔フットレスト〕を元の位置にお戻しください。

窓側にお座りのお客様は窓の日よけをお開けください。お使いになったノートパソコンやカバンは上の棚、または前の座席の下にお入れください。

ありがとうございます。

(8) 하기인사(환송)

탑승객에 대한 감사의 마음을 담아 밝고 정성스럽게 시연한다.

皆様、＿空港に着陸いたしました。 只今、(　　)の現在時刻はOO月OO日OO曜日

午前（午後）OO時OO分でございます。

安全のため飛行機が完全に停止し、シートベルト着用サインが消えるまで座席にお座りのまま、お待ちください。上の棚をお開けになる際、中の物がすべり出る恐れがありますのでお気をつけください。本日もOO航空をご利用いただきまして、誠にありがとうございました。またお会いできることをクルー一同心よりお待ち申し上げております。

この先もどうぞお気をつけて、お帰りください。

참고문헌

마근정, 박지영, 임현주, 이길자, 김소형, 이선지(2016). NCS기반 항공기내방송업무. 한올출판사.

박연옥, 윤선정(2018). 항공기내방송. 새로미출판.

백종찬, 김영진(2017). 일본어 실전회화와 기내방송. 대왕사.

심지연, 정혜련(2018). 예비승무원을 위한 NCS기반 항공기내방송 실무. 새로미출판.

우지은(2014). 30일 완성 목소리 트레이닝. 위즈덤하우스.

이병선(2018). A Glossary of Airline 항공용어해설. 백산출판사.

이종호(2017). 항공객실서비스 비행전 & 기내방송. 새로미.

인옥남, 조영신, 진경미, 최미선, 배현숙(2017). 기내방송 A+ 에이플러스. 한올출판사.

임태섭(2010). 스피치커뮤니케이션. 커뮤니케이션북스.

최성수(2017). 항공기내방송업무. 한올출판사.

IN FLIGHT ANNOUNCEMENT. 대한항공

IN FLIGHT ANNOUNCEMENT. 동방항공.

IN FLIGHT ANNOUNCEMENT. 아시아나항공.

IN FLIGHT ANNOUNCEMENT. 에미레이츠항공.

IN FLIGHT ANNOUNCEMENT. 에어부산.

KBS한국어 연구회(2008). KBS아나운서와 함께 배우는 한국어 표준 발음 바르게 읽기. 한국방송출판.

네이버 지식백과 사전

대한항공 스튜던트 노트

두산백과 사전

아시아나 항공 홈페이지

위키백과

티웨이 항공 홈페이지

저/자/소/개

■ **김지아** 세종대학교 관광경영학 석사

전) 중국동방항공 객실승무원, 승무원 인사부 과장, 승무원 교육부 교육교관
　한국영상대학교 스튜어디스과, 중국항공서비스과 교수
　수원과학대학교 항공관광과 겸임교수

현) 여주대학교 항공서비스과 교수

〈저서〉

Global Manner 5W1H, 실전 항공서비스 중국어, 항공사 인적자원관리 외

■ **박희정** 동아대학교 국제관광학 박사 졸업

전) 카타르항공 객실승무원

현) 신라대학교 항공서비스학과 겸임교수
　부산여자대학교 항공운항과 외래교수
　동아대학교 항공연계 비지니스과정 외래교수

〈저서〉

CS 관리실무, 리얼 이미지캐스팅 외

■ **이현옥** 이화여자대학교 테솔/영어교육학석사

전) 이화여자대학교 테솔/영어교육학강사
　수원과학대학교 외래교수
　아시아나항공 국제선 부사무장

현) H Communication 대표이사
　국제대학교 항공서비스학과 겸임교수
　이화여자대학교 언어교육원 강사

〈저서〉

항공 서비스 영어 외

NCS 기반
SMART 기내방송

1판 1쇄 인쇄 — 2020년 1월 2일
1판 1쇄 발행 — 2020년 1월 5일

저　　자 - 김지아 · 박희정 · 이현옥
발 행 인 - 강철원
발 행 처 - 양성원
주　　소 - 경기도 파주시 검산로 173번길 29-20
전　　화 - 031-946-3861(代)
팩　　스 - 031-946-3864
이 메 일 - tnwpub@naver.com
홈페이지 - tnwpub.co.kr
출판등록 - 2015년 8월 31일 제 2015-000211 호

ISBN 979-11-6126-238-3

정가 18,000원